KB081283

그 일은

전 — 혀

사소하지

않습니다

아내폭력에서 탈출한
여성들의 이야기

그 일은
전—혀
사소하지
않습니다

한국여성의전화 엮음

오월의봄

차 례

들어가는 글

강남역 사건과 가정폭력 사이

페미사이드와 사소함의 정치학

정희진 | 《아주 친밀한 폭력-여성주의와 가정폭력》 저자

"남편이 아내를 때린다. 그런데도 계속 산다? 있을 수 없는 일이고, 있더라도 극소수겠지. 듣기만 해도 어색한 이야기다." 내가 20대에 여성의전화에서 가정폭력 피해 여성을 만나기 전까지 간혹 했던 생각이다. 다른 이들의 생각도 크게 다르지 않으리라. 나는 대학을 졸업하자마자 우연히, 일시적으로 여성의전화에 취직했다. 여성문제 같은 '사소한' 일을 평생 할 생각은 없었다.

그러나 인생 계획이 바뀌고 '페미니스트'가 되는 데는 일주일도 걸리지 않았다. 너무나 충격이 컸다. 가정폭력이라는 현상 자체도 충격이었지만, 나의 무지에 대한 충격이 더 컸다. 나는 나에게 상처받았다. 일단, 우리 집이 폭력 가정이었다. 물리적 폭력이 없었을 뿐이다. 기억은 줄줄이 올라왔다. 나는 여학생의 비율이 9퍼센트에 불과한 남녀공학 대학에 다니면서 세 번을

각기 다른 남학생에게 구타당한 일이 있다. (이런 말도 이상하지만) 지금 생각해봐도 나는 아무 잘못도 없었고 왜 맞았는지 이유를 모른다.

여성학 시간강사 시절, 학생들에게 가정폭력을 가르치면 그 실태에 모두들 놀란다. 그러나 가족사 리포트를 제출하라고 하면 언제나 절반 정도의 학생은 "실은, 저희 집이 폭력 가정이에요"라고 쓴다. 수업 시간의 반응과 자기 현실. 이 괴리는 무엇인가. 그저 잊고 싶은 것인가. 아니면, 놀란 척해야 우리 집은 '그런 집'이 아니게 되는가.

경험은 겪은 것이 아니다. 선택적인 기억이다. 경험은 철저히 정치적인 것이다. 무엇을 잊고, 무엇을 의미화하는가, 내가 겪은 일은 어떤 것인가. 경험은 저절로 기억되지 않는다. 자신의 경험을 인식할 수 있는 시각이 생길 때, 비로소 '떠오르고' 인지되고 해석된다. 남성 사회에서 여성에게는 자기 경험을 바로 볼 수 있는 렌즈가 주어지지 않는다. 남성의 언어가 여성의 삶을 장악하는 사회에서, 여성들은 자기 경험을 믿지 못한다. 자기가 겪은 일을 남 이야기하듯 말한다. 나도 그랬다. 가부장제는 모든 인간을 '인간답게' 살지 못하게 한다. 가해 남성들과 상담하다보면, 자기가 저지른 일을 남의 얘기인 양 비웃고 '동료'를 비난한다. 어떤 여성들은 자신이 겪은 폭력이 훨씬 심각한데도 '덜 맞은' 여성들을 보며 놀라고 걱정한다. 경험, 몸, 인식의 분리 속에서 우리는 생각할 능력을 상실했다.

그 일은 전혀 사소하지 않습니다

이 책에 실린 글을 읽고 믿어지지 않는다면, 나는 '정상'이라고 본다. 피해 여성을 상담하고, 공부하고, 책을 쓴 나도 믿어지지 않는다. 이것은 일상의 홀로코스트다. 여기 실린 생존 여성들의 글을 유심히 읽으면, 문장과 문장 사이가 떠 있음을 깨닫는 독자가 있을 것이다. 쉽게 말하면, '연결이 안 된다'고 말할 수 있다. 그래서 글이 '비논리적'으로 보인다. 이런 문장은 현실이 믿어지지 않는 데 일조한다.

왜일까. 내 해석은 이렇다. 녹취록처럼 가해 남성의 행동을 상세히 묘사해도 문장들 사이가 연결chain되지 않고 '뭔가 말이 안 된다'. 그것은 남성들의 행동이 정말 그렇기 때문이다. 아무리 그들을 이해하려고 해도, 도무지 왜 저러는지 이해할 수가 없다. 그러나 우리의 고민은 여기서 끝나야 한다. 왜 때리는가? 이런 질문이 바로 폭력이다. 그들을 이해할 필요가 없다. 그들은 때릴 수 있으니 때리는 것뿐이다They do because they can. 단지 그뿐이다. 대신 우리가 질문해야 할 것은 이것이다. 왜 사회는 여성의 경험을 믿지 않는가? 왜 국가는 이 문제를 사소하게 다루는가? 왜 우리는 언제나 이 문제가 '사소하지 않다'고 외쳐야 하는가?

2016년 5월 17일, 강남역 사건이 일어나 한국 사회는 발칵 뒤집어졌다. 나는 그 사건을 보고 놀라는 사람들에게 놀랐다. 전문가들은 매일 십수 명의 여성들이 배우자의 폭력과 성산업에서 일하는 도중 사망한다고 추정한다. 페미사이드femi/cide. 가부장제 사회는 여성 살해를 용인, 방관하는 시스템이다. 과실치사, 사고사, 자살의 이름으로.

이 책의 제목을 정할 때 많은 토론이 있었다. 나의 개인적인 의견은 '여성 살해의 현장에서 탈출한 여성들'이었다. 그런데 많은 이들이 '그 일은 사소하지 않습니다'는 유의 제목을 선호했다. 비판할 의도는 없다. 다만, 나는 이 과정을 통해 우리 내부의 사고방식을 점검해보자고 제안하고 싶다. '상업성'이나 '대중성'을 떠나 왜 그토록 여성이 겪는 문제에는 꼭 '사소' 여부가 들어가는가. 왜 그 말에 그토록 집착하는가. 남성 문화는 가정 안에서의 폭력이 사소하다고 한다. 그러나 그렇다고 해서 그에 대한 대응're'action이 꼭 "아니에요, 사소하지 않아요"여야 할까?

장애인, 이주노동자, 동성애자 '문제', 심지어 저출산도 무관심할지언정 사소하다고 말하는 사람은 없다. '여성'이 맞고 강간당하고 죽으니까 '사소한 것이다'. 사소하지 않다는 말에는 이미 사소하다는 인식이 포함되어 있다. 당신들이 생각하는 것보다—사소—는, 그렇지 않다는 얘기다. 즉, 사소하지 않다=중대하다는 뜻이 아니다. 이제 담론은 '사소'라는 말의 궤도를 벗어나야 한다.

강남역 사건을 우연이라고 말하는 남성은 있어도 '사소하다'고 말하는 이는 없다. 그런데 왜 가정폭력은 사소하지 않다는 언어로 항변하는가. 여성이 모르는 남성에게 집 밖에서 죽으

그 일은 전혀 사소하지 않습니다

면 충격적인 사건이고, 집에서 남편에게 지속적으로 맞으면 사소한 일인가. 모든 여성에 대한 폭력violence against women의 원인은 여성의 몸에 대한 남성의 통제다. 그 통제의 장소가 집 밖이면 사회적 충격이고, 집 안이면 사소하다고 인식하는 것이다.

장소sphere는 중요하다. 사회는 남성 개인이 통제할 수 있는 장소인 집 안에서의 폭력에 대해서는 관용한다. 하지만 공권력이 영향력을 미치는 길거리에서의 살인은 문제적이다. 남성 권력의 무능력을 보여주기 때문이다. 그래서 '어디서 죽었는가'가 여성의 인권보다 중요한 이슈가 된다. 사실 남성에게 집과 술집은 모두 사적인 영역이다. 성산업에 종사하는 여성의 죽음은 그 중간쯤에 있다. 길거리는 남성만의 공기公器이고 남성만의 공간이다.

동성애 인권운동가들은 이성애 제도를 이렇게 비유하곤 한다. "늑대는 늑대끼리 섹스하고 여우는 여우끼리 섹스해야 맞지 않나요? 늑대랑 여우랑 섹스하다니, 너무 징그러워요. 그건 자연의 법칙에 어긋납니다. 맙소사, 게다가 여우랑 늑대가 섹스해서 낳은 아이가 토끼라구요? 그거 완전 변태 아닙니까? 가장 이상한 것은 늑대, 여우, 토끼가 함께 사는 곳이 '비둘기 집'이라는 사실입니다."

나는 이렇게 생각한다. 늑대, 여우, 토끼가 한 집에 사는 것이 가능할까? 늑대가 여우를 때리지 않을까? 늑대가 토끼를 잡아먹지 않을까? 셋은 먹이사슬이 아닌가. 이처럼 근대 핵가족은 성별과 연령이 교차하는 위계적 제도다. 가정폭력은 근대 이전에도 빈번한 문화였지만 늑대, 여우, 토끼처럼 서로 덩치 차이가 크고 힘이 다른 이들이 함께 사는 곳에서, 폭력은 필연일지도 모른다. 문제는 구조다.

쉼터shelter house는 완전히 다른 공간이다. 쉬는 곳이라기보다는 긴급피난처다. 푸코는 군대, 감옥, 병원이 훈육의 공간이라고 했지만 여성의 경험은 다르다. 집에서 전쟁을 치르는 여성에게 감옥은 방공호防空壕일 수 있다. 동네마다 쉼터(방공호)와 여성 자경단이 있어야 한다. 왜 서울까지 와야 하는가. 쉼터는 '자기만의 방'이자 고통을 함께 해석하고 위로하는 공동체다. 그곳은 언어가 다른 세계다. 다른 국민이 사는 네이션(국가)이다.

내가 여성의전화에서 일하던 시절, 어떤 가해 남편이 단체 상근자들을 인신 매매범으로 고발한 적이 있다. 우리가 피해 여성을 가두고 노동을 착취할 뿐 아니라 당시 유행했던 괴담, "새우잡이 통통배에 여성들을 팔아넘겼다"는 것이다. 상근자들은 경찰 조사를 받고 풀려났다. 구타 남편은 그렇다 치고, 남자의 말을 믿고 사무실에 출동한 경찰은 뭐하는 사람인가. 그런 영화 같은 시절은 지나가고 쉼터가 만들어진 지 30년이 되었다.

지난 30년 동안 남성 사회에서 이 공간을 위해 노력한 수많은 여성들을 존경한다. 우리는 '노벨 평화상'을 받을 자격이 있다. 우리는 살아남았다. 이 책에 실린 글들은 살아남은 이들의 궤적이고, 우리가 살아갈 방향이다.

그 일은 전혀 사소하지 않습니다

내가
만든
다른 세상

붉은 노을

남편에게 길들여지다

스물두 살, 학교를 졸업하고 직장에 다닌 지 3개월쯤 되었을 때였다. 이모부의 소개로 한 남자를 만났다. 스물여덟 살의 그는 작은 키에 평범한 인상이었지만 착해 보였다. 그는 매사에 친절하고 배려 깊었으며 나를 아껴주었다. 태어나서 처음으로 타인에게 깊은 사랑과 관심을 받아본 나로서는 그에게 한없이 빠져들 수밖에 없었다.

그렇게 교제를 시작한 지 이주일쯤 지났을까? 술을 마신 그가 "술을 마셔서 운전을 할 수 없으니 술 좀 깨고 가야겠다"며 방을 잡았다. '이모부가 소개해준 사람인데 설마 나쁜 짓을 하겠어?'라는 생각에 별 의심 없이 방에 함께 들어갔다. 그런데 그가 갑자기 커피를 마시고 있는 나를 덮쳤다. 너무 당황하고 겁이 나서 비명조차 입 밖으로 나오지 않았다. 그를 밀치고 반항해보았으나 소용없었다. 결국 그 일 이후 '소문나지 않게 빨리 결혼을 시키자'는 양가의 합의하에 그와 나는 만난 지 한 달 만에 결혼을 하게 되었다.

소형차 한 대가 가진 것의 전부였던 그와 함께 무작정 서울로 올라왔다. 남편의 친척집에 얹혀살면서 숟가락 두 개, 밥그릇 두 개로 신혼살림을 시작했다. 그러다 두어 달 후 차를 팔고 직장 퇴직금으로 받은 돈을 모아 조그만 셋방을 얻었다. 그곳에서 남편과 나는 직장을 다니며 살림을 하나씩 장만했다. 우리만의 작은 보금자리에서 즐거운 나날을 보냈다. 마냥 꿈에 부풀어 있었고 행복만이 우리의 앞길을 밝혀줄 것만 같았다. 우리 두 사람의 꿈은 '예쁜 집을 지어서 행복하게 살자'였고 그 꿈을 이루기 위해 열심히 노력하고 서로 더 많이 사랑하며 아껴줄 것을 약속했다.

그렇게 신혼의 단꿈에 빠져 살던 어느 날이었다. 남편이 텔레비전 위를 손가락으로 쓱 밀면서 "이 먼지는 뭐야?"라고 말했다. '뭐지?' 하는 생각이 들었지만 '성격이 깔끔해서 그런가보다' 생각하며 심각하게 받아들이지 않았다. 와이셔츠를 다릴 때 줄이 조금만 어긋나도 지적을 하는 남편을 보고도 '뭔가 이건 아닌데……'라는 생각이 들었지만 '아직 살림에 서툴러서 그러니 조금만 더 노력하자'라며 스스로를 채찍질했다. 나는 그때부

그 일은 전혀 사소하지 않습니다

터 남편에게 길들여지고 있었다.

결혼한 지 석 달이 조금 지났을 무렵부터는 시부모님들이 "아직 아기 소식 없니? 내가 아직 손자를 못 봐서 눈을 못 감는다"라며 압박을 해오셨다. 시아주버님 두 분 내외 모두 딸만 둬서 대를 잇지 못하고 있으니 빨리 후손을 잇도록 힘쓰라는 것이었다. 어린 나이에 아이를 낳고 싶지 않았지만 시댁의 압력은 더해만 갔고 '대를 이어주는 것이 결혼한 여자의 의무'라고 배웠기에 이에 수긍하고 스물세 살에 아이를 임신하게 되었다.

임신 8개월 때쯤이었다. 시아버님이 갑자기 전화해서는 "아들 낳아라"라고 말씀하셨다. 그 말을 듣고 나니 목에 커다란 가시가 걸린 듯 며칠간 밥이 넘어가지 않았다. 그해 12월 출산했다. 다행히 시댁에서 바라 마지않던 아들이었다. 친정에서 몸조리를 한 후 아들을 안고 시댁에 갔더니 거동이 불편한 시아버님이 마당까지 나오셔서 손자를 반겨주셨다. 하지만 '딸을 낳았어도 저렇게 반겨주셨을까?'라는 생각에 마음 한쪽이 씁쓸하기도 했다. 그런데 그날 식사 자리에서 시아버님은 "아들 하나, 딸 하나 더 낳아야지?" 하고 말씀하셨다. 그 말이 커다란 바윗덩어리처럼 내 어깨를 짓눌렀다.

못 이기는 척 넘어가다

육아에 대한 사전 지식 없이 아이를 키우는 것은 힘들었다. 밤낮이 바뀐 아이는 밤 9시만 되면 울기 시작했다. 늘 안거나 업고 있어야 했으며 잠시라도 내려놓으면 자지러질 듯이 울다가 아침이 되어서야 잠들었다. 그런 아이 때문에 나는 매일 밤을 뜬눈으로 꼬박 새워야 했다. 그러고도 낮에는 기저귀를 빨고 젖병을 삶고 밀린 집안일을 해야 했다. 정말 감당할 수 없을 만큼 힘들었다. 하지만 남편은 늘 밤 11시가 넘어 귀가해서는 피곤하다며 그대로 자버렸다. 행여나 아이가 울면 시끄럽다며 다른 방으로 가라고 짜증을 냈다. 아이를 나 혼자 낳은 것도 아니고 그렇게나 낳으라고 강요해놓고 나 몰라라하는 남편에게 화나고 섭섭했다. 하지만 회사일 때문에 힘들어서 그러려니 생각하고 속으로 삭혀야 했다.

그래도 남편은 내가 아플 때면 얼른 뛰어가서 약을 사오고, 열이 나면 물수건으로 닦아주고, 이불 빨래 같은 것은 힘들다며 도와주는 모습을 보이기도 했다. 관심과 사랑을 받고 있다는 생각이 들어 감동받고 위안받았다. 어릴 때 아파도 관심을 주지 않던 부모님을 보아온 나로서는 남편의 행동을 보며 '아, 이럴 때는 이렇게 해야 하는구나' 하고 하나씩 배우고 깨닫게 되었다. 한 번도 아빠가 아이와 놀아주는 모습을 보지 못하고 자란 나에게 아이와 놀아주고 예뻐해주는 남편의 모습은 신선한 충격이었고 그런 아빠를 둔 아들이 부럽기까지 했다.

아이가 8개월이 되었을 때 '평범한 직장생활로는 장래를 장담할 수 없다'는 위기감을 느낀 남편은 퇴직하고 결혼 전의 직업이었던 항해사로 전직했다. 나와 아이는 친정으로 들어가 살기로 했다. 남편이 타게 될 상선이 한국으로 들어오기를 기다리며 친정에서 3개월 대기하는 동안 남편은 자주 짜증을 내고 화를 냈다.

어느 날 외할머니가 집에 오셔서 엄마와 동생들과 같이 저녁을 먹었다. 남편에게 "옆 동네에 사시는 이모 댁에 할머니 좀 태워드려"라고 말했더니 갑자기 숟가락을 탁 내려놓으며 "내가 그렇게 할 일이 없는 줄 알아!" 버럭 소리를 지르고는 문을 쾅 닫고 방으로 들어가버렸다. 나는 얼른 방으로 따라 들어가 "어른 계시는데 그렇게밖에 못해?"라고 물었다. 그런데 갑자기 그가 내 따귀를 때렸다. 싸가지가 없다는 것이었다. 너무 기가 막혀서 "당장 나가버려!"라고 소리쳤더니 남편은 방문을 뻥 차고는 밖으로 나가버렸다. 몇 시간 뒤 집으로 돌아온 남편은 어린 아들과 나를 두고 배를 타야 되는 것에 스트레스를 받아 신경이 예민했다며 다시는 그러지 않겠다고 싹싹 빌며 용서를 구했다. 얼마나 스트레스를 받았으면 저럴까 싶은 생각에 못 이기는 척 넘어가주었다.

치욕과 분노, 그리고 절망감

'남편이 힘들게 배를 타서 번 돈을 허투루 쓰지 않겠다'고 스스로 다짐하며 월급은 모두 적금 통장에 넣고 상여금으로만 생활하면서 열심히 돈을 모았다. 그렇게 집 한 채 겨우 장만할 돈이 모였을 무렵, 남편은 직장을 그만두고 사업을 시작했다. 사업비 명목으로 집 전세금까지 다 빼서 투자했지만 결국 빈손이 되고 말았다. 그동안 나는 둘째를 출산했고 다시 친정에 몸을 의탁했다. 남편은 다시 배를 타겠다며 알아보고 있었다. 그렇게 몇 개월간 친정에서 함께 살았다.

작은아들이 생후 7개월쯤 되었을 때였다. 친구 결혼식이 있어서 가겠다고 했더니 남편은 "거기를 네가 왜 가냐?"며 화를 냈다. 나는 "내 결혼식에도 와주었는데 당연히 가봐야 되는 거 아니야?"라고 말했다. 남편은 나의 말에 발끈하더니 따귀를 때리고 목을 졸랐다. 이 사람이 내가 알던 그 사람이 맞는지 혼란스러웠다. 수치심과 분노를 느꼈다. 이렇게 치욕을 느끼며 살고 싶지 않다는 생각에 "차라리 죽여라"고 했더니 남편은 그제야 목을 조르던 손을 놓았다. "당신 얼굴 보기 싫으니까 배에 승선할 때까지 당신 엄마한테 가 있어"라며 남편을 시댁으로 보냈다. 보름쯤 후, 남편은 집으로 와서 "내일 승선해야 돼. 그동안 깊이 생각하고 반성했어"라며 용서를 구했다. 어차피 배를 타면 한두 달에 한 번씩 보게 될 텐데 불쌍하고 측은한 생각이 들어

그 일은 전혀 사소하지 않습니다

용서했다.

　비록 친정에 얹혀살았지만 남편과 떨어져 지내면서부터 마음의 안정을 찾아갔다. 온화한 성격의 남동생들이 아이들에게 아빠의 모델이 되어주며 살뜰하게 챙겨주었고 내 삶도 평온했다.

　배를 탄 지 2년쯤 지나서였다. 남편은 갑자기 연고도 없는 김해의 사원 아파트로 이사를 오라고 했다. 이유는 처가에 왔다 갔다 하기가 불편하다는 것이었다. '아이들이 어려서 혼자 감당할 수 있을까?' 하는 두려움이 앞섰지만 남편의 말을 따르기로 하고 이사했다. 그때만 해도 '아내는 남편의 말에 무조건 순종하고 잘 따라야 한다'는 생각이 나를 지배하고 있었다.

　이사간 후, 남편은 걸핏하면 "야"로 시작해서 "네까짓 게 뭘 알아? 넌 아직 멀었다"는 등 폭언을 하며 내 자존심을 짓밟았다. 남편은 "내가 배를 타는 동안 너의 행동은 모두 보고되고 있으니 집 밖으로 나돌아 다니지 마라"며 나를 협박했다. 어차피 아이들 때문에 외출은 꿈도 꾸지 못하는 상황이었다.

　홀로 두 아이를 키우느라 온 에너지를 소진하고 있는 나에게 남편은 "집구석에서 도대체 하는 게 뭐가 있어? 글로벌 시대에 영어 하나 제대로 하지 못하고"라며 나를 다그쳤다. 그리고 나를 '매너리즘에 찌든 나태하고 게으른 사람'으로 치부했다. 아들 둘을 키우느라 눈코 뜰 새 없는 내 현실은 전혀 고려하지 않고 생각 없는 말들을 내뱉는 남편에게 실망했다. '불합리, 불공평, 억울함'이라는 단어가 끊임없이 뇌리에 맴돌고 있었지만 이 답답함을 제대로 표현하지 못하고 가슴앓이만 해야 했다.

남편과의 결혼생활은 나를 차츰 구석으로 몰아가고 있었다. 남편은 자신과 의견이 조금만 달라도 "네까짓 게 뭘 알아? 세상물정 모르고 어디서 주워들은 말이나 지껄이고 있어" 등의 말들을 서슴없이 내뱉었다. 그런 말을 수도 없이 듣다보니 자존감은 밑바닥으로 내려앉고 삶의 의욕은 사라져만 갔다.

말로 시작한 폭력은 점점 강도가 심해졌다. 남편은 "이 재수 없는 년이 어디서 말대꾸해"라며 내 뺨을 사정없이 때리고 그것도 모자라 팔과 다리를 걷어찼다. 아이들이 보는 앞에서도 무자비하게 나를 때렸다. 악귀같이 희번덕거리는 핏발 선 눈빛으로 가슴을 갈가리 찢어발기는 욕설을 아무렇지도 않게 내뱉었다. 불구대천의 원수를 대하듯 나에게 마구 주먹질과 발길질을 해댔다. 정말 남편을 죽여버리고 싶었다. 참을 수 없는 치욕과 분노와 절망감이 나를 잠식해왔다.

엄마의 눈물, 엄마의 침묵

어린 시절 살았던 경상도 산골의 우리 마을은 ○○ ○씨 집성촌이어서 마을 사람들 대부분이 친·인척 관계였다. 남존여비 사상이 극심해 여자아이는 족보에 올리지도 않았다. 어른들은 '여자

그 일은 전혀 사소하지 않습니다

가 많이 배우면 남자만 피곤하다'라는 말을 앞세워 여자들에게 교육을 받을 기회도 제대로 주지 않았다. 그곳에서 여자는 '인간'이 아니라 '남자의 소유물' 정도로 취급되었다. 하루 일과를 마치고 저녁때가 되면 마을 곳곳에서 남편이 아내를 때리고 욕하며 소리 지르는 일상이 반복되곤 했다. 우리 집도 그랬다. 언제 터질지 모르는 시한폭탄을 안은 것처럼 조마조마한 심정으로 아빠의 눈치를 보며 살아야 했다.

　아빠는 사흘이 멀다 하고 엄마를 때렸다. '밥을 늦게 차렸다, 반찬이 이것밖에 없느냐, 남편 알기를 우습게 안다' 등등. 그냥 아무거나 갖다 붙이면 '맞을 만한' 이유가 됐다. 그럴 때면 나는 겁에 질려 무조건 앞집으로 달려가 "아빠가 엄마 때려요. 말려주세요"라며 도움을 요청했다. 당시 앞집엔 아빠의 조카뻘 되는 노부부가 살았는데, 그분들은 우리 집으로 달려와서 "아지배, 제발 참으시소. 아지매, 빨리 잘못했다고 비이소"라며 죄도 없는 엄마에게 무조건 용서를 빌라고 했다. 그러면 아빠는 보란 듯이 엄마를 더 심하게 때리며 조카뻘 되는 사람들에게 자신의 우월함을 과시하는 듯했다. 그 후로 나는 힘없고 나약한 나 자신을 저주하고 악마 같은 아빠를 증오하면서 내가 힘이 세지면 반드시 칼로 찔러 죽여버리겠다고 마음속으로 시퍼런 칼을 갈며 독기를 품었다.

　초등학교 4학년 여름방학을 며칠 앞둔 어느 날이었다. 동생들과 땅따먹기 놀이를 하느라 누에에 먹일 뽕잎을 따러 가는 시간을 놓쳤다. 마침 아빠가 집으로 돌아와서 뽕잎을 따오지 않은 것을 보고는 "이 밥버러지만도 못한 년들이!"라며 우리를 발로 차고 마구 때렸다. 그것을 목격한 엄마가 마당의 빨랫줄을 받치고 있던 장대를 빼들어 아빠를 내리쳤다. 언제나 쥐죽은 듯이 맞고만 있던 엄마가 처음으로 반격을 가하는 모습에 놀라 아빠는 그 자리를 피해버렸다. 엄마는 내 자식들이 죽을 것 같다는 생각에 눈에 불길이 확 일며 아무것도 보이는 것이 없었다고 했다.

그러나 이내 아빠가 더욱 가혹한 보복을 할지 몰라 불안감에 휩싸였다. 엄마는 옆집으로 달려가서 돈 2만 원을 빌려왔다. 그러고는 다짜고짜 우리의 손을 잡고 "너희들 절대 손을 놓지 말고 떨어지지도 말고 엄마 옆에 꼭 붙어 있어야 돼"라고 신신당부하고는 무작정 버스를 타고 역으로 향했다. 우리는 처음 타보는 버스를 신기해하며 "엄마, 우리 어디 가?"라며 마냥 들떠 있었다.

우리는 역에 도착해서 부산행 열차표를 손에 쥐고 탑승할 시간을 기다렸다. 배고프다고 동생들이 칭얼거리자 엄마는 우유와 빵을 사오면서 "이제 돈이 없으니 이것만 먹고 배고파도 참아라"라고 말했다. 우리는 엄마의 말을 귓등으로 흘리며 허겁지겁 주린 배를 채웠다. 처음 먹어보는 우유의 고소함과 빵의 달콤함에 취해서 엄마가 물 한 모금 입에 대지 않았다는 사실은 눈치채지 못했다.

그 일은 전혀 사소하지 않습니다

부산역에 도착하니 아침이었다. 엄마는 무작정 시청으로 찾아가서 "남편을 피해 집을 나왔는데 우리가 있을 곳이 없을까요?" 조심스럽게 물어보며 사정을 이야기했다. 엄마의 이야기를 들은 시청 직원은 "지금은 딱히 방법이 없고 고아원에 한번 가보세요"라며 주소를 알려주었다. '고아원'이란 말에 나는 불안감을 느끼고 떨어지지 않는 발걸음을 옮겼다. 고아원이 가까워질수록 '엄마가 우리를 고아원에 버리면 어떡하지?' 하는 생각에 심장은 미친 듯이 쿵쾅거리고 손발은 덜덜 떨렸다.

고아원에 도착해서 엄마는 "아이들을 먹고 재워주기만 하면 여기서 열심히 일하겠다"며 사정했다. 그러나 고아원에선 "다섯 명이나 되는 아이들이 너무 많아서 모두 수용하기는 힘드니까 두 명은 다른 고아원으로 보내야 할 것 같다"고 했다. 아무 말 없이 서 있는 엄마의 뒷모습을 보며 '엄마, 제발 우리를 버리지 마'라고 마음속으로 간절히 빌었다. 엄마의 잠깐의 침묵이 영원과 같이 느껴졌다. 엄마는 우리의 손을 꼭 잡고는 "아이들 뿔뿔이 흩어놓고는 살 수 없다"며 뒤도 돌아보지 않고 그곳을 나왔다. 나는 가슴을 쓸어내리며 안도의 숨을 쉬었다.

목적지도 없이 발길 닿는 대로 터덜터덜 걷다보니 낙동강을 가로지르는 다리 위에 서 있었다. 구포대교로 기억된다. 엄마는 한참 동안 강물을 내려다보더니 "우리 여기서 모두 뛰어내릴까?"라고 말했다. 얼마나 현실이 절망스러우면 생때같은 어린 다섯 자식들과 같이 죽으려고 했을까? 나는 엄마랑 헤어지지 않고 같이만 있으면 죽든 살든 상관없다고 생각했으나 옆에 있던 언니가 울음을 터뜨리며 "난 죽기 싫어. 엄마, 우리 죽지 마"라며 엄마한테 매달렸다. 동생들도 "엄마 죽지 마"라며 모두 울먹였다. 엄마와 우리는 한참을 그렇게 서서 목 놓아 서럽게 울었다.

마음을 다잡은 엄마는 비장한 표정으로 다시 시청에 가서 "우리가 집으로 돌아가면 모두 맞아 죽는다. 우리 모두 헤어지지 않고 같이 살 곳을 마련해주지 않으면 우린 모두 죽을 수밖에 없다"라며 눈물로 애원했다. 엄마의 눈물을 보고 우리 다섯 명도 대성통곡했다. 상황의 심각성을 인지한 시청 직원이 모자보호시설에 자리를 알아보고 한 달간 지낼 수 있다는 말과 함께 그곳으로 보내주었다.

엄마는 아침 일찍 나가서 밤늦게까지 일하느라 힘들었지만 아빠가 없는 그곳은 우리의 지상낙원이었다. 여기에서 우리는 아빠의 욕설과 폭력으로부터 해방돼서 눈치 보지 않고 마음껏 뛰어놀 수 있었다. 너무 행복하고 기뻐서 어떻게 한 달이 지나갔는지도 몰랐다. 정말 꿈만 같았다. "아빠가 없는 곳에 가서 우리끼리 행복하게 살자"라는 엄마의 말에 우리는 뛸 듯이 기뻐했다. 아빠가 찾을 수 없도록 울릉도로 가기로 하고 마지막으로 외할머니께 작별인사를 하러 외갓집에 들렀다. 그러나 '여자는 죽어도 시집 귀신이 되어야 한다'는 생각을 뿌리 깊이 가지고 있던 외할머니가 아빠한테 몰래 연락을 했다.

그 일은 전혀 사소하지 않습니다

아빠는 많이 수척해져 있었고 엄마에게 잘못했다며 다시는 때리지 않겠다고 싹싹 빌고 맹세를 했다. 결국 우리는 다시 집으로 돌아왔다. '이제는 엄마를 때리지 않겠지?'라는 막연한 희망과 함께 조마조마한 심정으로 하루하루를 보냈다. 그러나 '제 버릇 개 못 준다'라는 속담을 증명하기라도 하듯 아빠는 한 달도 되지 않아 또다시 폭력을 휘둘렀다. 아빠는 "어떤 놈하고 눈이 맞아서 집을 나갔노? 빨리 대라!"며 엄마에게 입에 담지 못할 온갖 욕설을 퍼부었다. 의처증까지 더해진 아빠의 폭행은 더욱 가혹해졌고, 혹시나 엄마가 도망갈까봐 어린 막내 동생을 볼모로 잡아 항상 옆에 끼고 다녔다.

엄마처럼 살고 싶지 않았다

초등학교 졸업식 날이었다. 꼭 오겠다는 엄마의 약속을 믿고 엄마를 기다렸다. 졸업식이 끝나고 아이들이 모두 집에 갈 때까지 텅 빈 운동장에서 하염없이 기다렸는데 엄마는 결국 오지 않았다. 너무 속상해서 소리 죽여 한참을 울었다. 엄마에 대한 배신감과 미움을 안고 집으로 돌아오는 발걸음은 천근만근 무겁기만 했다. 집에 도착해 대문을 들어섰는데 집 안은 정적에 휩싸여 있었다. 나는 스멀스멀 기어오르는 불길함에 안방으로 뛰어들어갔다. 방 안은 온통 난장판이었고 엄마는 방 한구석에 처박혀 있었다. 엄마가 졸업식에 가려고 외출 준비를 하자 아빠의 의처증이 또다시 재발해 엄마의 옷을 갈기갈기 찢고 마구 때리며 손에 잡히는 물건들을 집어던지는 등 난동을 부린 것이었다.

나는 더 이상 화도 나지 않고 헛웃음만 나왔다. 그렇게 세월이 흘러 사춘기를 겪게 되면서 나는 폭력에 무감각해져갔고, 엄마의 모습에 미움도 커져만 갔다. '도대체 왜 참고 사는 거야? 혹시 맞는 걸 즐기는 거 아냐?'라는 생각에 엄마를 불신하게 되었고 아빠 못지않게 증오하게 되었다. '나는 엄마처럼 절대로 살지 않겠다'고 다짐하고 또 다짐했다.

아빠는 언니와 내가 중학교에 다니며 분기별 등록금을 받을 때면 "이 밥버러지들. 저것들한테 들어가는 돈이 아깝다. 커서 다 갚기 전에는 시집갈 생각은 꿈도 꾸지 마!"라는 악담을 내뱉고 우리를 구걸하는 동냥아치 취급하며 돈을 방바닥에 휙 집어던졌다. 부들부들 떨리는 손으로 돈을 주워야 하는 그 치욕감과 모멸감이란…… '그렇게 버러지 취급할 거면서 왜 낳았어! 누가 낳아 달랬냐고!' 따지고 싶었지만 목구멍까지 올라오는 말을 간신히 삼켜야 했다.

언니는 장녀라는 이유로 비록 여상이지만 고등학교에 보내주었다. 하지만 주산, 부기, 타자 등을 배워야 하기 때문에 등록금 외에 다달이 학원비를 따로 타야 했던 언니는 늘 백지장처럼 창백한 얼굴로, 도살장에 끌려가는 소처럼 공포에 젖어 있었다.

나는 고등학교 입학시험을 쳤는데 1년 장학금밖에 받지 못

그 일은 전혀 사소하지 않습니다

했다. 나는 언니처럼 등록금을 받아갈 때 그렇게 묵묵히 참을 수만은 없을 것 같았다. 나는 돈을 벌면서 공부할 수 있는 산업체 학교에 지원했다. 하루라도 빨리 이 지옥 같은 집에서 벗어나고 싶었다. 어떤 운명이 아가리를 벌리고 있는지는 상상할 겨를이 없었다.

내가 간 곳은 경북 경산군에 위치한 방직공장이었다. 소음이 심해서 대부분의 사람들이 난청을 앓고 있었다. 공장은 한 시간만 지나면 솜먼지가 발목까지 쌓였으며 안전사고가 잦아 팔이 잘린 사람과 손가락이 잘린 사람이 부지기수였다. 일제 때 지어진 기숙사에는 바퀴벌레와 쥐들이 득시글거렸고 좁은 방에 다섯 명씩 다닥다닥 붙어서 자야 했다. 밤 10시면 방 점호와 함께 무조건 소등되었고 개도 고개를 돌릴 것 같은 쓰레기 같은 음식을 먹어야 했다.

3미터가 넘는 높은 공장 담장은 철조망으로 덮여 있었고 외출 절차가 까다로워 밖으로 나간다는 건 꿈도 꾸지 못했다. 3교대 근무에 학교 수업은 세 시간밖에 듣지 못했고 그나마 낮 근무 때는 학교에 가지도 못했다. 한 달에 12만 원이라는 박한 월급을 받으며 노동력을 착취당했지만 회사를 그만두면 학교도 퇴학 처리되기 때문에 그만둘 수 없었다. 3개월 만에 10킬로그램이 빠졌다. 하지만 집에서 벗어났다는 기쁨과 돈을 모아서 대학에 가겠다는 희망 하나로 악착같이 돈을 모았다. 지긋지긋한 현실에서 언젠가는 벗어나겠다는 각오로 입을 악다물며 참았다.

드디어 졸업식날이 되었다. 처음으로 엄마가 찾아왔다. 엄마는 아빠의 폭력을 견디다 못해 동생들을 데리고 집을 나와 이모 댁에 얹혀산다고 했다. 아빠는 엄마가 돈 한 푼 없이 나가면 얼마 버티지 못하고 다시 집으로 돌아올 것이라는 생각에 허락했다고 했다. 언니는 고3 때 취업 나가서 큰이모와 같이 살며 집에는 전화 한 통 없이 일절 연락을 끊어버렸다고 했다.

나는 대학 등록금으로 쓰기 위해 3년 동안 피땀 흘려 모은 돈을 전세방 얻는 데 내놓을 수밖에 없었다. 그리고 동생들 학비와 생활비 등을 엄마 혼자의 벌이로 감당하기 어렵다며 대학을 포기하라는 압력을 받아야 했다. 학비와 용돈은 내가 벌어서 쓰고 생활비로 한 달에 40만 원씩 집에 꼬박꼬박 주기로 약속하고 겨우 대학에 가기로 했다. 그러나 입학금 낼 돈이 없었다. 어쩔 수 없이 아빠를 찾아갔다. 자존심 다 버리고 입학금만 달라고 이틀간 빌며 사정했다. 아빠는 귀찮아하면서 마지못해 돈 30만 원을 휙 던지며 "다시는 찾아오지 마라"는 냉담한 말 한마디를 남기고 대문을 쾅 닫아걸었다.

나는 '내가 당신한테 두 번 다시 찾아오면 사람이 아니다'라고 다짐했다. 눈앞이 뿌옇게 흐려지는 것을 참고 비참하기 그지없는 내 자신을 겨우 추슬러 버스에 몸을 실었다. 집으로 돌아오는 내내 움켜쥔 두 주먹을 풀지 못한 채. 우리 형제들은 아빠에겐 더 이상 희망이 없으니 이혼해서 자신의 인생을 찾았으면 좋겠다고 엄마를 설득했다.

엄마는 "너희들 장래에 부모의 이혼이 큰 오점으로 작용할지 모른다"며 이혼을 망설였다. 우리는 "부모님의 이혼을 문제 삼는 사람이라면 결혼하지 않는 게 낫다. 절대 엄마를 원망하지 않을 테니까 우리 때문에 이혼을 망설이지 않았으면 좋겠다"라며 엄마를 부추겼다. 엄마는 우리의 응원에 힘입어 지난한 이혼 소송을 시작했다. 아빠는 돈을 주지 않으려고 대법원에 항고까지 하며 끈질기게 물고 늘어졌다. 이혼이 완료되기까지 만 3년이 넘게 걸렸다. 소송 중 엄마는 하루가 멀다 하고 아파서 자리에 누웠고 곧 죽어도 이상할 게 없을 정도로 피폐해져갔다. 엄마의 힘들어하는 모습을 옆에서 지켜보며 이혼을 종용한 것이 잘한 것인지 회의감과 후회가 밀려오기도 했다.

그러나 엄마는 이혼 판결이 나자 기적같이 자리를 털고 일어났다. 이제 자식들의 생사가 엄마 손에 달려 있다는 생각에 억지로 몸을 일으켜 세운 것 같았다. 그런 와중에도 나는 쉬는 날 없이 일하며 학비와 생활비를 벌어 겨우 학교를 졸업했다. 그러자 외할머니는 "이제 대학도 나왔으니 동생들 공부는 네가 시켜야지?" 하고 말했다. 죽도록 용을 써도 빠져나올 수 없을 것 같은 개미지옥에 빨려들어간 것 같았다. 절망감에 몸부림쳤다.

그런 힘든 시기에 남편을 만났다. 그러니 그의 애정어린 관심과 사랑에 혹할 수밖에 없었다. 아니 현실을 벗어나기 위해

'결혼'이라는 극단의 방법을 택했는지도 모르겠다. 그것도 아니면 나이 차이가 나는 남편에게서 어릴 적 받지 못한 아버지의 정을 느껴보길 소망했는지도……

마음에 이는 작은 파문

남편은 끔찍하고 고통스러웠던 나의 어린 시절을 다 알고 있었다. 남편 또한 폭력을 행사하는 아버지 밑에서 자랐고 그 때문에 늘 분노하며 살았다고 했다. 그런데도 자기 아버지의 전철을 그대로 밟고 있는 남편의 모습을 보니 마치 우리 아이들의 미래를 보는 것 같아 섬뜩했다.

'차라리 그냥 이대로 죽어버렸으면 좋겠다'는 생각이 한두 번 든 것이 아니었다. 어느 순간 남편에게 저항하는 것을 포기하고 나니 오히려 마음이 편안해졌다. 어느 날은 구타당하고 있는 내 육체가 내 몸이 아닌 것같이 느껴지고 정신과 육체가 분리되는 것 같았다. 저항하지 않는 사람을 때리는 것에 지쳤는지, 자신의 화풀이가 다 끝난 것인지, 아니면 놀라서 입만 벙긋거리는 큰아들과 소리를 지르며 울고 있는 작은아들이 눈에 들어온 것인지 남편은 어느새 폭력을 멈추고 씩씩거리며 거친 숨을 고르고 있었다.

무기력하게 한쪽 구석에 구겨져 있는 내 모습이 낯설고 이

그 일은 전혀 사소하지 않습니다

런 모습들이 현실이 아닌 것처럼 느껴졌다. 옆에서 자지러지게 울고 있는 아이들을 보듬어줄 여력조차 없었다. 그저 죽고 싶다는 생각뿐이었다. 남편은 망연자실해 정신줄을 놓고 있는 나를 보고 아차 싶었는지 우황청심환을 사서 먹이고 피멍이 든 살가죽에 약을 바르고 파스를 붙여주었다.

남편은 온몸에 피멍이 들고 퉁퉁 부은 내 모습이 행여나 남들 눈에 띌까봐 바깥으로 나가지 못하게 했다. "병원에 가면 의사가 알게 되고 경찰이 조사하면 내가 감방 가야 되는데, 그럼 네가 생활비 벌어서 애들 키울 수 있어?" 남편은 이렇게 협박하며 병원에 가는 것조차 허락하지 않았다.

3주 정도 지나자 몸에 든 멍들은 많이 옅어졌지만, 갈기갈기 찢긴 내 마음과 영혼은 치유되지 않았다. 하지만 그냥 꼭꼭 봉합하고 싸매둘 수밖에 없었다. 희망도 없고 살고자 하는 욕구도 없이 그냥저냥 시간이 지나 아이들이 크기만을 바라며 하루하루를 죽지 못해 살아가고 있었다.

남편은 그런 나를 보며 "할 일 없이 편하니까 우울증에 걸리는 거야. 그렇게 할 일 없으면 공부나 해"라며 관심도 없는 경제 관련 서적을 사다주었다. 도대체 무엇을 위해 공부하라는 것일까. 지쳐가는 나날의 반복 속에서 하루에도 몇 번씩 죽고 싶은 마음뿐이었다. 나는 무기력과 패배감에 시달리고 있는 내 모습에 또다시 절망했다. 나 자신을 혐오하며 죄의식을 느껴야 하는 악순환에 시달렸다. 그러다보니 더욱더 정신이 피폐해져

갔다.

그렇게 빈껍데기 종이인형처럼 넋 놓고 살던 중에 고등학교 동창을 만났다. 그 친구는 나의 무기력한 모습을 보며 "너처럼 예쁘고 능력 있는 애가 왜 그렇게 사니? 내가 너만 같아도 못하는 게 없겠다"고 말했다. 친구의 그 말이 말라비틀어져 쩍쩍 갈라진 내 마음에 작은 파문을 일으켰다. 내가 꿈꿔온 삶은 이런 것이 아니었는데…… 입 다물고 귀 막고 눈 감는다고 내 한심한 처지가 가려지진 않는데……

그동안 외면하고 회피하려고만 했던 나 자신에 화가 나고 이러지도 저러지도 못했던 한심한 작태에 분노했다. 바보처럼 살고 있는 나 자신이 불쌍해 눈물이 나왔다. '그래 난 이렇게 살려고 결혼한 것이 아닌데. 나는 정말 무능력한 사람일까? 정말 이렇게 허무하게 살다가 죽고 싶니?' 이런 생각이 들자 망치로 뒤통수를 얻어맞은 것처럼 정신이 번쩍 났다.

그때부터 이혼을 생각하게 됐다. 그동안은 '이혼은 실패한 삶'이라 생각했고 '이혼녀'에 대한 사회적 편견이 두려웠다. 경제적 자립 능력이 없을뿐더러 엄마가 이혼한 후 힘든 생활을 하는 걸 지켜본 나로선 도저히 용기가 나지 않았다. 그러나 이대로는 살 수 없었다. 그래서 객관적인 시각으로 나의 현재의 자원과 역량을 하나씩 체크해보기 시작했다. '가정주부'의 삶으로는 아무런 희망이 없음을 깨닫고 홀로서기를 위해 무엇이 필요한지 생각해보았다. 지금 이 상태로는 기껏해야 식당일이나 보험회사에 다니는 것밖에 할 수 있는 일이 없다는 것을 자각했다. 가장 필요한 경제적 자립을 위해 자격증을 하나씩 취득하기 시작했다. 대학에 편입해서 내가 원하는 분야의 학업을 다시 시작하자 삶에 대한 애착이 조금씩 생겨나기 시작했다.

한없이 불쌍하고 가엾고 안타까운

그러던 중에 남편은 항해사를 그만두고 서울에 있는 대기업의 부장으로 발탁돼 가족이 서울로 올라오게 되었다. 작은아들이 초등학교에 다니면서 시간적 여유가 생긴 나 역시 취업을 했다. 그러나 직장에 다니며 집안일을 해야 하고 아이들을 돌보고 공부까지 하려다보니 몸과 마음이 지쳐만 갔다.

남편은 회사일로 밤늦게 귀가하고 일요일에는 조기축구를 한다고 나가서 저녁이 다 되어서야 들어오는 등 가사와 육아에 관심도 없고 할 생각도 없어 보였다. 그런 남편을 보다 못한 나는 "쉬는 날이라도 아이들과 좀 놀아주면 안 돼? 나 너무 힘들어"라고 했더니 "그것도 돈이라고 벌어오면서 지금 큰소리냐?"며 나의 일을 돈벌이도 안 되는 하잘것없는 것으로 치부해버리고 무시했다.

그러던 어느 날이었다. 멀쩡히 직장생활을 하고 있는 내 남동생 얘기를 하며 남편이 "그렇게 안일하게 사니까 인간쓰레기처럼 밑바닥 인생을 기고 있는 거지"라고 비아냥거렸다. 나는 남편의 막말에 격분해서 "내 동생이 당신한테 피해를 줬어? 아님 손을 벌렸어? 왜 말을 그렇게 해? 당신은 뭐가 그렇게 잘났는데?"라고 했더니 남편이 내 따귀를 때렸다. 그러고는 쓰러진 내 머리채를 잡아 거실을 가로질러 안방으로 질질 끌고 갔다. 남편은 안방에 나를 팽개치고서 무자비하게 때리고 발로 걷어차기 시작했다. 그 모습에 놀라 큰아들이 경찰에 신고를 했다. 나는 경찰이 도착하고 나서야 경찰차에 태워져 병원에 가서 치료를 받을 수 있었다. 남편은 특별한 제재를 받은 것 같진 않았다.

엄마에게 전화해서 자초지종을 얘기하고 이혼하고 싶다고 했더니 "아직 아이들이 어리니까 이번 한 번만 참아라. 또 이런 일이 있으면 내가 나서서 이혼시키겠다"라며 말렸다. 엄마가 이혼하고 나서 힘들게 살아오는 모습을 옆에서 지켜봐온 나로선 솔직히 엄마처럼 저렇게 풍파를 헤쳐나갈 자신도 없고 용기도 부족하다는 것을 인정해야 했다. 아직은 때가 아닌 것 같다는 생각이 들었다. 두어 시간 후 남편이 병원에 와서 손이 발이 되도록 빌어서 "이번이 마지막이야"라고 통보하고 나도 마지막으로 최선을 다하겠다고 다짐하며 남편을 용서해주었다. 남편은 아들이 경찰에 신고한 것에 충격을 받았는지 그 후로 나에게 신체폭력은 자제했다. 하지만 언어폭력은 여전했고 더욱 나를 억압하고 통제하려 했다. 아이들이 놀다가 집 안이 조금만 어질러

그 일은 전혀 사소하지 않습니다

져 있으면 "집구석에서 도대체 뭘 하길래 살림 하나 제대로 못하냐!"며 폭언을 퍼부었다. 나는 '자기만 직장 다니나? 집에서 손 하나 까딱 안 하는 주제에'라는 말이 목구멍까지 올라왔지만 참아야 했다.

남편은 나의 행동을 일일이 통제하며 자신의 틀 안에 맞추길 강요했다. 조금이라도 자신의 뜻에 반하는 의견을 말하거나 행동을 보이면 "집구석에서 편하게 있으니까 세상물정 모르고 그따위 인생에 도움이 안 되는 쓰레기 같은 생각만 하는 거 아냐!"라며 말조차 섞기 싫도록 만들었다. 남편에 대한 원망과 미움이 점점 나의 냉담한 태도로 드러났고 그럴수록 남편은 더욱 폭력적으로 굴었다.

남편은 아이들에게도 폭언과 폭력을 행사하기 시작했다. 컴퓨터 바둑을 두다가 작은아들이 "아빠 같이 놀아요"라며 매달렸는데 그 때문에 바둑돌을 딴 곳에 놓았다며 마우스를 바닥에 집어던지고 아들에게 "이 병신 같은 새끼, 너 때문에 졌잖아!"라고 소리 지르며 욕설을 퍼부었다. 하루는 나가기 싫다는 작은아들을 데리고 외출하다가 아들이 넘어져서 무릎이 까진 걸 보고는 "집에 들어가!"라며 버럭 소리를 지르고 화를 냈다. 겁에 질려 집으로 돌아온 아들을 엎어놓고 걸레 봉으로 엉덩이와 허벅지를 때려서 피멍이 들게 하기도 했다.

나는 엄마로서 내 자식들을 지켜주지 못하는 무능함과 자괴감을 느껴야 했다. 어린 시절 아버지의 폭력에 무방비로 노출

되어 두려움에 떨던 우리를 지켜주지 못한 엄마에게 얼마나 실망했고 따뜻한 품으로 안아주지 않는 엄마의 냉담함에 얼마나 가슴 시려 했던가. 그토록 닮지 않으려고 발버둥쳤건만 지금 내 꼴이 예전의 엄마의 모습과 다를 게 무엇인가? 지금의 나보다 더 냉혹하고 처절한 삶을 살아야 했던 엄마는 사랑하는 자식들을 마음 놓고 보듬어줄 여력조차 없었던 것이란 걸 그제야 깨닫게 되었다.

내가 엄마에게 가졌던 한없이 불쌍하고 가엾고 안타까우면서도 답답하고 밉고 원망스럽던 감정들을 내 아이들이 그대로 겪었을 것을 생각하니, 날카로운 비수로 심장을 난자당한 듯한 통증이 느껴졌다. 내 자식들에게는 나와 같은 아픔을 대물림해 주고 싶지 않았는데…… 하지만 거대한 절벽을 마주한 듯한 현실은 내 발목을 붙들고 늘어져 한 발자국도 움직이지 못하게 나를 옭아매고 있었다.

"엄마 이혼하세요"

회사를 그만두고 사업을 시작한 남편은 접대니 영업이니 핑계 대며 자주 새벽 두세 시에 귀가했다. 한번은 내가 외박을 하고 아침에 들어온 남편에게 "부부간에 최소한의 예의는 지켜라"고 말했다. 그랬더니 남편은 "내가 누구 때문에 좋아하지도 않는

그 일은 전혀 사소하지 않습니다

술 마시며 접대하는데 어디서 잔소리야"라며 오히려 화를 냈다. "누구 때문이라니, 그 누구는 지금 지옥과 같은 삶을 살고 있는데! 그냥 본인의 욕망을 이루기 위해서라고 솔직히 말해. 나와 애들 핑계 대지 말고"라며 내 마음속에 있는 말을 부지불식간에 내뱉었다.

순간 내 두 눈에 불똥이 번쩍 튀더니 침대로 튕기듯 쓰러졌다. 남편은 쓰러진 내 가슴 위에 올라타서 사정없이 나의 뺨과 머리를 후려쳤다. 남편의 핏발선 눈빛을 보고 '나를 죽이려고 하는구나' 하는 생각이 들었다. 어디서 그런 용기가 났는지 나는 처음으로 내 성대가 찢어질 만큼 목청껏 "사람 살려. 사람 살려"라고 소리 질렀다. 남편은 내가 소리 지르는 것을 보고 당황했는지 "이년이 죽으려고 환장했나!"라며 목을 조르기 시작했다. 침대 바로 옆에 전화기가 있었지만, 남편이 가슴과 팔을 깔고 앉아 목을 졸라서 옴짝달싹할 수 없었다. 나는 그저 전화기만 안타깝게 쳐다보다가 숨이 넘어가는 것을 느꼈다. 의식이 흐려지는 가운데 현관 벨소리와 문을 쾅쾅 두드리는 소리가 어렴풋이 들려왔다. 남편은 목 조르던 손을 풀고 현관 앞에 가서 누구냐고 소리쳤다. "신고받고 출동했으니 어서 문 여세요! 아니면 따고 들어갑니다"라는 구원의 목소리가 들려왔다.

경찰과 119 구조대원들이 들어와서 현장을 살피다가 쓰러져 있는 나를 발견하고는 부축해 구급차로 데려가려고 했다. 거실에 있던 남편은 모든 책임을 나에게 전가하며 '때릴 수밖에 없는 이유'를 대며 오히려 경찰에게 큰소리쳤다. '인면수심이라더니, 저게 사람인가?'라는 생각이 들었다. 나는 구급차에 실려 종합병원 응급실로 가서 검사를 받았다. 뇌출혈이 의심된다는 진단과 함께 입원했다.

보호자가 없어서 응급실에 대기하고 있던 중 담당 형사가 와서 조서를 작성해야 한다고 했다. 그러나 내가 움직일 수 없는 상태라는 것을 확인하고는 구술하는 것을 형사가 받아 적었다. 사건 경위와 목은 무엇으로 졸랐는지 등을 자세히 물었다. 나는 접근금지가처분 신청을 하고 강력한 처벌을 원한다고 했지만 현행범으로 잡힌 남편은 경찰서에 가서 두 시간 만에 집에 돌아간 것을 알게 되었다. 그러나 '드디어 이혼할 수 있겠구나, 저 사람한테서 드디어 벗어날 수 있겠구나'라는 생각에 안도감이 들었다. 피곤이 몰려왔다. 깜빡 잠들고 일어났더니 친정엄마가 옆에서 내 모습을 안타까운 표정으로 지켜보고 있었다. 너무 창피하고 속상해서 하염없이 눈물만 나왔다. 엄마가 조용히 "그냥 이혼해라"라고 말씀하셨다.

입원 절차를 끝내고 병실에 누워 있는데 아이들이 학교 끝나고 병문안을 왔다. 아이들은 형편없이 망가진 내 모습을 보더니 서럽게 울기 시작했다. 큰아들이 말없이 주먹을 우악스럽게 움켜쥐고 이를 악무는 모습을 보니 사고를 칠 것 같은 느낌이 들었다. 그렇지 않아도 아이들이 커가며 자신의 가치관을 확립하는 시기가 오면서 아버지에게 반발하기 시작하던 터였다. '이

그 일은 전혀 사소하지 않습니다

대로 살다가는 내 아이들을 범죄자로 만들 수 있겠구나'라는 생각에 다시 한 번 이혼을 굳게 결심했다. 아이들에게 모든 사실을 이야기하고 아빠와 헤어지겠다고 했더니 "제발 그렇게 하세요"라며 나를 적극 지지해주었다.

일주일간 치료 후 "더 이상 뇌출혈이 확산되지 않았으나 치료를 계속 받아야 한다"는 검사 결과가 나왔다. 그러나 마음 편히 치료 받기에는 내 심리 상태가 너무 불안정하고 남편이 언제 들이닥칠지 모른다는 불안감 때문에 더 이상 병원에 있을 수 없었다. 담당 형사한테 경과를 확인했더니 법원에서 접근금지 가처분 결정이 나려면 2주 이상 기다려야 한다고 했다. 엄마가 쉼터를 알아보라고 하셔서 여성의전화에 전화하고 쉼터 입소를 결정했다.

입소 절차를 밟기 위해 여성의전화 사무실로 향하는 계단에서 '내가 어쩌다 여기까지 왔는지' '뭘 잘못해서 내 인생이 이 모양인지' '인생의 패배자 같다'는 생각이 들어 계단을 올라가는 내내 꺼이꺼이 목 놓아 통곡했다.

다시 '사람'이 되었다

쉼터에 입소해서 한 달간 모든 연락을 끊고 내 몸과 마음을 추스르는 데 온 시간을 할애했다. 이렇게 마음 놓고 편안히 휴식

어릴 때부터 가정폭력을
경험한 나는 어지간한 폭력은
폭력으로 인식하지도 못하고
있었다. 심각한 신체적
폭행만이 가정폭력이라고
생각했다. 욕하거나 무시하는
일, 가정 경제 결정권을 주지
않는 일도 가정폭력이라는
것을 몰랐다.

을 취하며 오롯이 나 자신을 돌보는 것은 태어나서 처음이었다. 내 지난 삶을 반추해보고 집단 상담과 개인 상담, 치료 프로그램 등을 통해 내가 얼마나 폭력에 둔감한지를 깨달았다.

어릴 때부터 가정폭력을 경험한 나는 어지간한 폭력은 폭력으로 인식하지도 못하고 있었다. 심각한 신체적 폭행만이 가정폭력이라고 생각했다. 욕하거나 무시하는 일, 가정경제 결정권을 주지 않는 일도 가정폭력이라는 것을 몰랐다. 또한 가정폭력을 '당하는 사람이 뭔가 맞을 짓을 했겠지' 하는 잘못된 생각을 가지고 있었으며 가정폭력의 책임을 피해자에게 전가시켜 '개인적인 문제'로 보고 '내 탓'이라고 생각하는 오류를 범하고 있다는 것을 깨달았다.

가정폭력은 한 개인의 문제가 아니라 오랜 세월을 거쳐 사회 전반에 만연한 뿌리 깊은 가부장제에서 비롯된 것이었다. 남성 우월적 지위를 이용한 권력의 문제이고 이는 진정한 남녀평등이 이루어지지 않는 한 지속적으로 자행되어질 것임을 알게 되었다. 쉼터에서 진행되는 프로그램은 내 안에 있는 가부장적 사고방식을 반성하게 했고 폭행을 당한 것이 '내 탓이 아니다'라는 것을 알게 해주었다. 나는 조금씩 죄책감에서 벗어나 자존감을 되찾고 삶의 의욕도 찾아갔다. '희망'이란 단어가 슬그머니 고개를 내밀어 내게 환하게 웃음 짓는 것 같았다. 나는 그렇게 힘과 용기를 얻어 이혼 소송에 들어갔다.

모든 자료와 증거를 모아 대한법률구조공단에 제출했더니

가정폭력을 입증할 수 있었다. 곧 국선변호사가 선임됐고 본격적인 이혼 절차가 시작되었다. 그러나 온갖 중상모략과 모함, 거짓으로 점철된 남편의 답변서를 보고 난 후부터는 두 다리가 후들거리고 심장이 벌렁거려 도저히 잠을 이룰 수 없었다. 한동안 불면증에 시달리는 나날을 보내야 했다. 한의원에 갔더니 화병이라며 침을 놓고 약을 처방해주었다. 그리고 쉼터의 상담 프로그램을 비롯해 주위 분들의 위로와 지지 등을 통해 다시금 일어설 수 있는 힘을 얻어 소송에 전력을 기울일 수 있었다.

첫 재판이 끝나고 법정을 나오는데 남편은 자신의 변호사에게 소리를 지르며 화를 내고 있었다. 그러더니 나를 보고는 "내가 네년한테 돈 한 푼 줄 것 같아? 애들 볼 생각은 꿈도 꾸지 마라!"며 협박과 악담을 퍼부었다. 저렇게 한심하고 하찮은 인간에게 그토록 오랜 세월 동안 두려움을 느끼며 살았다니 지난 세월이 허탈했다.

내 진술서의 모든 내용을 부인하고 오히려 자신이 피해자라고 주장하던 그가 가사조사 2회기 때 갑자기 나에게 "조용히 얘기 좀 하자"고 했다. 법원 밖으로 나온 그는 "양육비 줄 테니까 집으로 들어가서 아이들을 키워라"라고 말했다. 남편의 행동에 의문이 들어서 아이들과 통화해보았더니 아이들에게 거짓으로 진술서를 작성하도록 강요했다고 했다. 그러나 아이들이 끝까지 거부했으며 "엄마랑 살고 싶다. 만약 아빠랑 계속 살면 가출해버리겠다"고 말했단다. 기가 찰 노릇이었다. 이후 우여곡절

그 일은 전혀 사소하지 않습니다

이 있었지만 소송을 시작한 지 11개월 만에 나는 15년의 결혼생활을 끝낼 수 있었다.

그렇다. 나는 그렇게 다시 사람이 되었다. 취업을 했고 폭력 없는 일상을 지내게 되었다. 아이들은 아이들대로 따뜻한 보금자리에서 조금씩 안정을 찾아가고 있다. 우리는 서로의 상처받은 마음을 보듬고 다독이며 두렵고 무서웠던 남편과 아빠의 그림자를 걷어내고 있다.

아이들의 웃는 모습을 보면 이혼하길 잘했다는 생각이 든다. '부모의 이혼'이라는 엄청난 위기를 슬기롭게 극복하고 멋지게 자라준 아이들에게 얼마나 감사하고 또 감사한지 모른다. 아이들이 자신들의 꿈을 위해 인생을 설계하고 한 발짝씩 나아가길 진심으로 바란다.

가정폭력은 나를 '벌레'로 만들었다. 하지만 이제 나는 내가 사람으로 살아가기 위해 스스로가 맞서 싸워야 한다는 것을 안다. 어딘가에 아직도 나와 같은 사람이 있다면 '편견, 자녀 문제, 경제 문제' 등에 대한 두려움을 극복하라고 말해주고 싶다. 그런 두려움은 내가 인간으로서 살아가는 것을 포기하게 만든다. 그 두려움만 극복한다면 세상이 달라 보인다고 외쳐주고 싶다. 나는 이혼을 하고 나서 드디어 사람답게 살게 되었다. 나의 영혼은 푸르게 자유로워졌다.

INTERVIEW
탈출, 그 이후..

Q. 아이들은 어떻게 성장하고 있나요?

제가 쉼터에 갈 때 큰아들은 열다섯 살(중2), 작은아들은 열두 살(초5)이었어요. 쉼터엔 만 9세 이상의 남자아이와 함께 입소할 수 없었기 때문에 아이들을 집에 놓고 나와야 했는데, 그때만 생각하면 지금도 가슴이 아파요. 이혼 소송을 한 지 1년 만에 아이들과 다시 만나 함께 살 수 있었습니다.

부모님의 이혼이라는 일을 겪으며 큰아들이 얼마나 힘들어했을까요? 하지만 아들은 "엄마, 이혼은 정말 잘한 결정이에요. 이렇게 아빠와 한 공간에 있지 않게 해줘서 너무 좋고, 우리와 함께 있어줘서 너무 고마워요"라며 오히려 저를 위로하고 지지해주었어요. 작은아들도 "아빠 얼굴 안 봐서 너무 좋아요. 맨날 소리 지르고 때리고 욕하는 소리 안 들어도 되니까 살 것 같아요"라며 저를 이해해주었죠. 벌써 9년 전의 일이네요.

공부를 곧잘 하던 큰아들은 재수를 해서 대학에 갔어요. 당시에는 엄청 말렸는데 결국은 재수를 택하더라고요. 그런데 공부는 안 하고 알바만 하고, 친구들 만나고, 집에 오면 게임하고…… 말은 안 해도 걱정을 많이 했어요. 결국 자신이 원하는 대학은 못 갔지만 재수생이던 1년을 결코 후회하지 않는다고 하더군요. 공부만

46
그 일은 전혀 사소하지 않습니다

할 줄 알던 좁은 시야를 벗어나는 계기가 되었다는 말에 저도 지지
해주었습니다. 그 1년이 헛되지 않았는지 사고의 폭도 넓어지고 많
이 성숙한 것 같아요. 무엇보다 약자의 입장을 많이 이해하는 사람
으로 자란 것 같아 기특합니다. 대학교 1학년을 마치고 지금은 군
대에 가 있어요.

작은아들은 현재 고3 수험생이에요. 며칠 전에 수능시험을 쳤
는데 썩 잘 본 것 같진 않아요. 워낙 공부하고는 담쌓은 아이라서
요. 다행히 컴퓨터 고등학교에서 본인이 좋아하는 웹디자인 분야
를 공부하고 그 재능을 인정받고 있어서 마음이 놓입니다. 작은아
들은 사교성이 좋고 자기가 맡은 일에 책임감이 강한 편이에요. 부
모님의 이혼이라는 힘든 시련을 겪어서 그런지 또래에 비해 폭넓고
유연한 사고를 할 수 있는 것 같아요. 사회적 약자의 입장과 심정을
공감할 줄 아는 마음이 따뜻한 아이입니다. 작은아들은 지금 저와
함께 여성의전화 회원으로 활동하고 있어요.

Q. 쉼터의 경험이 지금의 삶에 어떤 영향을 미쳤나요?

쉼터의 경험이 없었다면 지금의 저는 없었겠죠. 전남편의 폭행
으로 인해 병원에 입원했을 때 이혼을 결심했지만 막상 갈 곳이 없
었어요. 친정으로 가게 되면 분명 찾아와 갖은 협박과 회유를 했을
것이고 저는 다시 그 지긋지긋한 곳으로 돌아갈 확률이 높았겠죠.
담당 경찰과 엄마의 도움으로 쉼터의 존재를 알게 되었고 퇴원한
후 전남편 몰래 쉼터에 입소하게 되었어요. 막연히 쉼터란 곳은 먹

여주고 재워주는 곳이려니 생각했는데 그게 전부가 아니더군요.

쉼터에서의 상담을 통해 맨 처음 자각한 것이 '내 잘못이 아니다'라는 것이었어요. 그 인간이 폭행을 하면 '내가 무슨 잘못을 했나? 내가 조금만 더 잘했더라면……'이라는 자책감이 항상 들었거든요. 그런데 내 잘못이 아니고 폭행한 사람의 잘못이라니! 왜 이런 간단한 상식을 깨닫지 못했을까요? 제 머리에 번개가 내리꽂힌 느낌이었습니다.

그동안 잘못한 것도 없이 전남편의 통제로 억눌리고 짓밟히며 살아왔다는 것을 알게 되면서 밑바닥까지 추락한 자존감을 회복할 수 있었어요. 이제 제 인생을 제가 아닌 그 누구에게 농락당하지 않겠다고 결심했고 지금도 그 결심을 지켜나가기 위해 노력하고 있습니다.

Q. 지금까지의 삶에서 가장 잘한 선택이 있다면 무엇인가요?

당당히 '이혼'이라고 말하고 싶어요. 저는 제 아이들과 제가 가정폭력에서 해방된 것만으로도 정말 잘했다고 박수를 쳐주고 싶어요. 제가 전남편의 폭력으로 병원에 입원해 있을 때 아이들이 찾아왔는데, 엉망이 된 제 모습을 보고 큰아들이 주먹을 움켜쥐며 부르르 떨던 모습을 아직까지 잊지 못해요. 만약 그대로 살았더라면 우리 아이를 범죄자로 만들었을지 모른다는 생각에 소름이 돋곤 합니다. 이혼을 함으로써 우리 아이들을 잠재적 범죄자로 만들지 않고, 공포로부터 벗어나 자유롭게 자라도록 한 제 자신의 용기에

그 일은 전혀 사소하지 않습니다

찬사를 보내고 싶어요.

Q. 어머니의 가정폭력 피해를 옆에서 쭉 지켜본 자녀로서 가해자 아버지를 증오하는 것은 마땅하다고 생각되는데 오히려 어머니를 미워하게 되고 불신을 넘어 증오하게 되었다고 했습니다. 이것은 어떤 의미이며 어떻게 설명할 수 있나요?

우리 아이들은 그런 생각을 하지 않아서 정말 다행이에요. 이 문항의 답은 가정폭력 자녀인 저의 경험을 바탕으로 저의 원가족(친정)의 이야기를 가지고 해보겠습니다. 어렸을 적 우리 집은 아버지의 폭력으로 얼룩진 가정폭력 가정의 전형이었어요. 엄마를 사흘이 멀다 하고 폭행하는 아버지는 자식들에게도 손을 대곤 했죠. 엄마를 때릴 때면 우리는 무서워서 숨소리도 제대로 내지 못하고 벌벌 떨고 있어야 했고 제가 잘못해서 엄마가 맞는 것 같아 언제나 죄책감에 시달렸어요. 초등학생 때는 힘도 없고 용기도 없어 아빠를 제지하지 못했는데 그런 제 자신이 너무 실망스럽고 화가 나서 미칠 것만 같았습니다. '내가 힘이 생기면 칼로 찔러 죽여버릴 거야!'라는 생각이 언제나 뇌리를 지배하던 시기였어요.

그러던 초등학교 5학년 어느 날, 이대로 있다가는 엄마가 아빠한테 맞아 죽을 것만 같아 "내가 동생들 잘 돌볼 테니까 우리는 걱정하지 말고 제발 도망가! 나중에 우리 꼭 찾으러 와줘"라고 엄마에게 말한 적이 있었어요. 그 말을 듣고 엄마가 집을 나갔죠. 엄마가 없어 슬프고 두려웠지만 엄마가 죽지 않게 되었다는 안도감이

들었습니다. 그런데 이틀 만에 엄마가 집으로 다시 돌아오시더군요. "너희들을 놔두고 도저히 못 가겠다"라는 말과 함께요. 그런 엄마에게 엄청난 배신감과 분노를 느꼈고 엄마의 말이 너무 가증스럽게 느껴졌어요.

'우리를 이런 지옥에서 탈출시켜주길 그렇게 바랐는데! 우리를 지켜주지도 못하면서 왜 지옥에 제 발로 다시 걸어 들어오는 거야! 이렇게 맞고 사는 게 좋은 거야!' 그 후로 엄마가 맞든가 말든가 눈 감고 귀 닫고 한동안 그렇게 살았습니다. 우리를 지옥에서 구원해주길 바랐고 감당할 수 없는 공포와 죄책감에서 벗어나게 해주길 바랐는데 아무것도 해주지 못하는 엄마의 무기력한 모습에 절망감을 느끼며 수도 없이 원망하고 미워했던 기억이 나네요.

Q. 폭력 상황에서도 자녀들 때문에 이혼을 주저하는 분들이 있습니다. 그 분들께 해주고 싶은 말이 있다면 무엇인가요?

많은 피해자들이 '나만 참으면 된다. 이혼 가정 소리를 듣게 하고 싶지 않다. 그래도 아이들에게 아빠의 존재는 필요하지 않을까? 이혼을 하게 되면 아이를 어떻게 키우지? 나중에 부모의 이혼으로 인해 아이가 불이익을 당하지 않을까?' 등등의 이유로 이혼을 주저하게 되죠. 사실 이혼을 한 뒤 후회하는 사람들도 있으니까요. 이혼은 신중하게 선택해야 한다고 생각해요.

하지만 가정폭력이 있는 가정이라면 자녀들을 위해 두말할 것도 없이 반드시 이혼을 해야 한다고 생각해요. 폭력 상황에서 자녀

그 일은 전혀 사소하지 않습니다

들이 느끼는 죄책감과 불안, 공포, 분노를 안다면…… 가정폭력은 아이들에게 지옥이에요. 엄마가 죽을 용기를 내서라도 지옥에서 아이들을 꺼내주어야 합니다.

Q. 지금 제일 중요하게 생각하고 생활하는 부분은 무엇이며, 앞으로의 꿈과 계획은 무엇인가요?

이 세상에서 가장 소중한 것은 바로 저 자신이고, 저에게 가장 중요한 것은 저의 행복이라고 생각해요. 제가 행복해야 제 아이들도 행복하고 주변도 모두 행복하다는 것을 새삼 느껴요. 남들에게 피해를 주지 않는 한 '나의 행복을 위해 최선은 무엇인가?'를 항상 생각하며 선택을 합니다.

앞으로의 꿈과 계획이라고 거창하게 얘기할 부분은 못 되지만, 시골에 소박하나마 예쁜 내 집을 짓고 제가 하는 일(보육교사)을 힘이 닿는 한 계속해나가면서 틈틈이 세계여행을 하고 싶어요. 유럽 여행을 가기 위해 적금을 들었는데, 벌써 3년째이고 만기일이 얼마 안 남았네요. 양평에 작지만 땅도 샀어요. 내년에 집도 짓고 유럽 여행도 갈 계획이에요. 계획대로 꼭 이루어졌으면 좋겠습니다.

다시,
빛을 향해
서다

에 스 더

결혼, 행복한 가정에 대한 꿈

"내 인생은 커다란 유리같이 반짝반짝 빛났다. 나는 그 아름다운 유리가 자랑스럽고 좋았다. 그 반짝거림은 평생 유지될 것이라 생각했고 결혼을 통해 더 빛날 것이라는 꿈을 가지고 있었다. 그러나 결혼하고 얼마 지나지 않아 유리에는 잔금이 가기 시작했고 테이프로 붙이기 힘들 정도로 산산이 조각났다. 깨어진 유리를 버리지도 붙이지도 못하고 나는 눈물만 흘렸다. 그러다 햇살이 비추자 유리조각은 다이아몬드보다 더 반짝이기 시작했다. 유리보다 더 아름다웠다."

책에서 읽은 이 글귀처럼 나의 인생도 그랬다. 나에게 20대는 찬란하게 빛나는 유리 같았다. 어릴 때부터 꿈꾸던 의류디

자이너가 되어 대기업에 취업했는데 그 일이 너무나도 재미있었다. 누가 시키지 않아도 주말까지 야근하면서 일에 몰두했다. 일하면서 많은 나라를 여행할 수 있었고 이런 행복한 삶이 평생 유지될 거라고 기대했다.

보수적인 교육을 받으며 자란 영향도 있고, 연애를 할 시간적 여유도 없었기 때문에 서른 살이 되어서야 남편을 만나 연애다운 연애를 했다. 우리는 2년간의 연애 기간을 거쳐 내 나이 서른두 살이 되던 해에 결혼을 했다. 남편은 누가 봐도 성격 좋게 생긴 호감형의 남자였다. 연애하는 동안은 남편과 크게 싸울 일 없이 지냈기 때문에 남들 사는 것처럼 아이를 낳고 오손도손 잘 살 자신이 있었다. 결혼하기 전까지 남편은 자신의 가족에 대해서 거의 언급하지 않았지만 그걸 이상하게 생각하지는 않았다. 크게 고생하지 않고 가족에게 사랑받고 살았던 나로서는 세상 사람들이 모두 나 같다고 생각했다. 상처받고 자란 사람이 그 상처를 가족에게 되돌려줄 수 있다는 사실은 아예 모르고 있었다.

신혼여행지에서 드디어 남편의 가족에 대해 들을 수 있었다. 남편은 자기는 가족이 없다고 생각하고 있으니 시댁은 신경 쓰지 말라고 했다. 남편은 그에 대한 배경설명도 해주지 않았다. 나는 이해할 수 없었다. 나중에서야 시어머니를 통해 남편이 수집강박증이 있는 아버지에게 폭력을 당하며 성장했다는 걸 알게 되었다. 시아버지와 시어머니의 관계도 나빴다. 서

그 일은 전혀 사소하지 않습니다

로 때문에 인생이 망가졌다며 늘 으르렁거렸다. 시어머니는 나를 붙들고 아이들 걱정에 평생을 참으며 살았노라고 하소연하시곤 했다. 시아버지는 20대 초반에 교통사고를 당했고 당시의 어설픈 수술 때문에 다리에 쇠못을 박고 평생 장애인으로 사셨다. 남편이 열 살이 될 때까지는 사진관도 하셨다는데 어느 날 갑자기 가게를 접더니 집 안에 고물을 주워 들이기 시작했다고 한다. 아버님은 상실로 인한 수집증후군을 앓으셨던 것이다. 시어머니께서는 일하기를 멈춰버린 아버님을 대신해 가정의 생계를 책임져왔다고 했다.

남편은 무능했던 아버지처럼 살지 않으려고 늘 성실하게 일했지만 결혼 초기부터 어딘가 불안해 보였다. 어린 시절부터 상처받아온 그는 다시 상처받지 않기 위해서 주변을 통제해야 한다고 생각한 듯하다. 그는 늘 의심하고 경계했으며, 그 의심은 주변 사람과의 관계를 악화시키곤 했다. 화도 잘 냈다. 어떤 상황에서 통제력을 잃었다고 느낄 때 심하게 낙심했고, 일이 잘못될 때 심지어 자신의 잘못으로 문제가 발생할 때도 늘 타인을 비난하고 자신을 정당화했다. 처음에는 집에 와서 회사 사람들을 비난하더니 시간이 지날수록 나를 비난하기 시작했다. 나는 그런 그를 이해하기 힘들었고, 점점 더 실망할 수밖에 없었다.

나는 쉼터에 와서야 역기능 가정(가족구성원들 사이에 건강하지 않은 관계 유형이 존재하는 가정을 말하며, 부모나 자녀의 정서적인 욕구를 충족시켜주지 못하는 가정)에서 자란 대부분의 남자들이 대화를 통해 문제

를 해결하는 것을 보고 배우지 못했기 때문에 문제 해결을 힘
으로 하려는 경향이 있다는 것을 알게 되었다. 그는 공격과 통
제를 선택한 것이 아니라 단지 그것만이 그가 알고 있는 유일
한 해결책이었던 것이다. 남편은 모든 상처를 숨겨놓고 잘 지내
는 것처럼 보였다. 남편에게도 행복한 가정에 대한 간절한 꿈이
있었다. 남편도 나름대로 그 꿈을 성취하기 위해 노력하고 있었
다. 그렇지만 덮여진 상처는 남편 속에서 썩어가고 있었다.

신혼의 우리는 다른 부부가 그렇듯 몇 번의 다툼이 있었지
만 비교적 평온한 시간을 보냈다. 늦은 나이에 결혼했기 때문에
빨리 아이를 갖고 싶어 하는 나에 비해 그는 아이 낳는 것을 두
려워했다. 아이를 잘 키울 자신이 없었던 것은 아닐까? 나중에
야 든 생각이다. 큰아이가 태어나던 날 나는 반짝이는 보석을
선물로 받은 것처럼 기뻤다. 그러나 남편은 큰아이가 태어난 이
후 늘 노심초사했다. 인터넷을 통해 봤던 온갖 나쁜 사례를 열
거하면서 아이가 잘못될까봐 걱정하곤 했다. 모든 일을 확대 해
석하는 남편을 이해하기 힘들었지만 그래도 행복했다. 남편의
곪은 상처가 터져버린 그날이 오기 전까지는.

시한폭탄 같은 강박증세가 시작되다

아이가 태어난 지 두 달 만에 나는 다시 직장에 출근했다. 시어

그 일은 전혀 사소하지 않습니다

머니께서 아이를 돌봐주신다고 해서 우리는 시댁 근처로 이사했다. 이사하는 바로 그날부터 나의 반짝이는 유리 거울은 빛을 잃어갔고 금이 가기 시작했다. 새집으로 이사하는 날, 이것저것이 꼬이면서 불운이 시작됐다. 남편은 평상시 꼼꼼한 성격대로 일하는 분들을 따라다니며 잔소리를 하고 있었다. 사건은 그릇을 정리하던 이삿짐센터 아주머니가 유리그릇을 깨면서 시작됐다. 그리고 꼼꼼히 치우지 않은 채 온 집 안을 걸어 다닌 것이 화근이었다.

보통 사람들에게는 아무렇지도 않은 그 사건이 우리 가정을 불행에 빠트린 첫 단추가 될 것이라고 상상하지 못했다. 그 사건이 남편의 상처를 건드린 것이다. 한동안 나는 그때 이사를 하지 않았다면, 그 아주머니가 유리그릇을 깨지 않았다면, 우리의 불행이 시작되지 않았을 거라고 여기기까지 했다. 그러나 그 사건이 아니더라도 남편의 상처는 곪고 썩어 있어서 언제든 터질 수밖에 없었을 것이다.

그는 끊임없이 쓸고 닦기를 반복했다. 집 전체에 유리 파편이 퍼졌다는 이해할 수 없는 이야기를 반복하면서 천장부터 모든 벽과 바닥을 닦고 또 닦았다. 한 달간 쓸고 닦는 일은 계속되었다. 남편과 내가 모두 직장에 다니고 있었기 때문에 그는 퇴근 후와 주말 내내 닦아내곤 했다. 나의 도움은 거절했다. 내가 하는 것은 믿을 수 없다며 자신의 방식대로 해야 안심이 된다고 했다. 큰아이는 이사하는 날 시댁에 맡겨져 한 달이 넘도록 집에 오지 못하고 있었다. 남편은 청소기와 세탁기, 심지어 주방까지 사용하지 못하게 했다. 화장실 세면대에서 속옷만 겨우 손빨래해서 입고 다녀야 하는 상황이 참을 수 없을 만큼 불편했다. 나는 정말 그를 이해할 수 없었다. 남편이 스트레스로 정신이 이상해졌다는 생각이 들었다.

그의 증세를 인터넷에서 찾아보고 나서야 나는 그가 강박증을 앓고 있다는 사실을 알았다. 완벽주의 성향의 사람이 어린 시절 겪은 불행한 사건이나 상처로 인해 가지게 된 불안을 해소하기 위해 강박적인 행동을 하게 된다고 한다. 그래서 강박증 환자는 타인에게 일을 맡기지 않는다. 오로지 자신만이 모든 것을 통제하며 불안을 제거하려고 한다. 그는 마치 파란색 선글라스를 낀 채 태어난 사람 같았다. 파란 필터를 통해 세상을 보고 자라서 사람의 피부도, 자연도 파랗다고 주장하는 것 같았다. 그는 강박이라는 필터를 끼고 세상을 보았다. 나와 세상 사람들에게는 아무렇지도 않은 일들이 그에게는 죽을 만큼 끔찍한 것이었다.

그는 병원에 가는 것도 거부했다. 자신의 병을 인정하지 않았고 회사에서 받은 스트레스를 집에 와서 풀곤 했다. 나는 이해할 수 없는 그의 행동 때문에 인터넷을 뒤지고 또 뒤졌다. 하지만 알아본 결과들은 전혀 희망적이지 않았다. 강박증은 신경증의 한 종류이며 한 가지 강박적 행동이 사라지면 또 새로운 강박 행동이 나타난다고 했다. 강박증 환자가 병원을 찾아가는

그 일은 전혀 사소하지 않습니다

것은 평균 10년이 걸린다고 한다. 강박증이 나타나면서 남편과 나 사이에는 쉼 없는 다툼이 이어졌다. 남편은 자신의 허락 없이는 집 안의 어떤 물건도 만지지 못하게 했다. 내가 집에서 할 수 있는 것은 아무것도 없었다.

석면, 그 치명적인 두려움

어느 날 남편이 벽을 향해 던진 쿠션에 맞아 결혼 사진 액자가 떨어져 산산이 부서졌다. 남편은 액자 성분을 인터넷으로 검색하다가 액자의 석고에 석면이 들어가 있다는 것을 알게 되었다. 그때부터 남편은 석면에 대한 두려움에 사로잡혔다. 석면은 단열에 탁월하기 때문에 벽의 단열재부터 자동차 브레이크, 드라이기 등 안 쓰이는 곳이 없을 만큼 다양하게 사용된다. 그러나 얼마 전부터 석면이 몸에 쌓이면 배출되지 않고 암을 일으킨다는 보고가 나오면서 사람들이 민감해지기 시작했다.

남편은 석면으로 인해 암에 걸려 죽게 될지도 모른다는 강박에 시달렸다. 그에게 세상은 석면에 오염된, 공포로 가득 찬 곳이었다. 그는 집에 돌아오면 지하철도 석면에 노출되었고 자동차를 탈 때도 브레이크를 밟을 때마다 석면이 뿜어져 나온다며 자신의 옷과 내 옷을 백 번씩 털고서야 안심하곤 했다. 심지어 나의 브래지어를 밤중에 아파트 놀이터에서 털다가 사람들에게 치한으로 오해받기도 했다. 석면에 노출된 옷을 털어대면 당신 코로 다시 들어가지 않겠냐고 물어보면 가족을 너무 사랑해서 자신의 몸이 잘못되는 것은 상관없다고 말하곤 했다. 남편은 옷가지들을 쉬지 않고 털었다. 그렇지만 치우는 속도보다 쌓여가는 속도가 더 빨랐다. 몇 달이 지나지 않아 집에는 여기저기에 옷무덤이 생겨났고 먼지가 덮이기 시작했다. 옷무덤을 쌓아놓고 건드리지도 못하게 해서 아이들은 진드기와 먼지 때문에 비염과 알레르기를 달고 살았다. 그 아파트는 나와 아이들, 그리고 남편에게 작은 감옥이 되어가고 있었다. 아파트 안에서 나와 남편은 노숙자 같은 생활을 해야 했다. 주말에는 컵라면으로 끼니를 때웠고, 남편은 그때부터 침대가 아닌 소파나 거실 바닥에서 잠을 자는 습관이 생겼다.

내가 가장 괴로웠던 건 시댁에 맡긴 아이를 보러 가지 못하게 하는 것이었다. 석면에 오염된 옷을 입고 아이를 보러 간다는 것을 남편은 용납하지 않았다. 어쩌다 주말에 남편과 시댁에 가서 아이를 안아볼 수 있는 것은 여러 가지 절차를 밟은 다음에야 가능했다. 나나 남편이나 시부모님 모두에게 지치는 일이었다. 어쩌다 시댁에 가는 날이면 나는 시댁 앞 골목길을 전속력으로 열 번쯤 왔다 갔다 뛰어서 몸에 붙은 석면을 날려 보내야 했다. 제자리 토끼뜀도 백 번쯤은 해야 했기 때문에 남편과 함께 시댁에 가는 것이 두려워졌다. 남편 역시 쉬어야 하는 주말을 그렇게 보내는 것에 지쳤는지 점점 시댁에 가는 횟수가

　그 일은 전혀 사소하지 않습니다

줄어들었다. 우리는 아이를 보는 것이 몇 달에 한 번이 될 정도로 뜸해졌다. 나는 아이가 너무 보고 싶어 참을 수 없었다. 아이가 정 보고 싶으면 혼자 시댁으로 가 현관에 서서 멀찍이 아이의 얼굴을 보고 돌아오곤 했다. 가끔은 야근을 핑계 대고 아이와 한두 시간 함께 보내고 집으로 돌아오기도 했다. 남편은 그 무렵 야간 대학원을 다니고 있었기 때문에 늘 집에 늦게 들어왔다. 시부모님이 내가 아이를 만나러 오는 것을 비밀로 해주어서 가능한 일이었다. 그러나 남편 몰래 아이를 보러 갈 때마다 내 가슴은 늘 두근거렸다. 남편이 알면 크게 화낼 것을 알기 때문이었다. 시부모님 역시 남편의 행동을 답답해하며 병원에 가보라고 권유했지만 완강한 남편을 설득할 수 없었다.

이런 상황에서 가족이 여행을 가거나 외식을 하는 것은 엄두도 내지 못했다. 큰애가 네 살 때 남편도 아이가 불쌍했는지 아이를 데리고 친정 부모님과 함께 여행을 가자고 제안했다. 안면도로 갔던 그 여행은 다시는 기억하고 싶지 않을 만큼 괴로운 여행이었다. 남편은 통제할 수 없는 환경 때문에 극도로 예민해 있었고, 네 살 아이를 아무것도 만지지 못하게 하라고 나에게 명령했다. 부모님의 모든 행동도 마음에 들지 않아 부모님이 자리를 비울 때마다 비난하곤 했다. 짐을 바닥에 내려놓는 등의 행동들 때문이었다. 그 여행 때문에 나는 위궤양이 생겨 6개월 넘게 고생했고, 다시는 남편과 함께 여행 가지 않으리라 결심했다. 어쩌다 외식을 할 때도 마찬가지였다. 남편은 갖은 이유로 하루 종일 화를 쏟아냈다. 그래서 점점 외식도 피하게 되었다. 결국 우리는 결혼 기간 내내 여행도, 외식도 할 수 없었고, 가족 사진 한 장 제대로 찍지 못했다.

나 자신이 너무 불쌍해서 울었다

나는 종종 남편 몰래 아이를 만나러 갔고 함께 외출도 하기 시작했다. 그러다가 남편에게 종종 발각되곤 했는데 그럴 때마다 남편은 불같이 화를 냈다. 사실 허락을 받고 말고 할 일도 아니었다. 그럼에도 허락받으라고 해서 물어보면 온갖 핑계를 대며 번번이 못 가게 했고, 그런 자신의 잘못은 한 번도 인정한 적이 없었다. 처음에는 물건을 집어던지더니 어느 날부터 때리기 시작했다. 나도 같이 몸싸움을 해봤지만 남편의 힘을 감당할 수 없었다. 남편은 자기에게 거짓말한 것이 들통나면 밤새도록 나를 취조하곤 했다. 내가 한 행동을 시간대별로 진술하게 하고 진술을 반복시켰다. 법을 전공하고 법학대학원까지 졸업한 남편은 자신의 전공을 나에게 써먹었다. 그럴 때마다 나는 죄를 지은 죄인이 되었다. 진술이 번복된다 싶으면 같은 말을 수십 번 하면서 나를 추궁했다. 나는 폭행도 두려웠지만 밤새도록 쉬지 않고 진행되는 취조와 언어폭력이 더 무서웠다. 남편은 집요했고 지치지도 않았다. 처음에는 내가 남편의 지시를 잘 따라주

그 일은 전혀 사소하지 않습니다

면 될 것이라는 기대를 가지고 열심히 노력하기도 했다. 하지만 내가 아무리 노력해도 남편의 기대치를 맞출 수는 없었다. 나는 나중에서야 내가 남편의 스트레스와 불안을 받아내는 감정의 쓰레기통일 뿐이었다는 것을 깨닫게 되었다.

어느 날 밤, 지금은 기억조차 나지 않는 사소한 일로 남편의 신경을 건드렸다. 남편은 무섭게 화를 냈다. 나는 밤 12시부터 새벽 4시까지 무릎을 꿇고 손을 든 채 벌을 서야 했다. 남편은 소파에서 누워 자며 중간중간 일어나 감시했다. 하염없이 눈물이 흘렀다. 내가 왜 여기서 이런 수모를 당하고 있는지 나 자신이 너무 불쌍해서 울었다. 그렇다고 이 결혼생활을 끝낼 수도 없다는 그 절망감 때문에 더 울었다. 어서 이 시간이 지나가기를 기도했다. 그런 밤들을 셀 수도 없이 많이 보냈다. 그런 고통을 당하면서도 나는 왜 그곳에서 벗어나지 못했을까? 나는 폭력이라는 구멍에 빠지고 또 빠지며 나도 모르게 폭력에 무력해진 것이었다. 나중에는 벗어나려는 의지조차 가지기 힘들었다.

남편은 보통 사람들은 이해하기 힘든 부정적인 신념을 가지고 있었다. 남편의 엉뚱하면서도 이상한 행동들은 시간이 지날수록 습관화되었고, 그 행동을 하기 전에는 불안을 멈출 수가 없었다. 그의 습관은 더욱 견고해져서 아무도 건드릴 수 없는 요새처럼 되어버렸다. 나와 아이들은 그의 요새에 갇혀버린 신세였다. 불행하게도 세상에는 그가 통제하지 못하는 것들투성이였다. 늘 석면을 신경 쓰고 다니는 그의 눈에는 공사 중인 건

물들만 보였고, 머피의 법칙처럼 피하면 피할수록 그의 주변에는 불운이 뒤따라 다니곤 했다. 한번 예상치 못한 일을 당하면 몇 날 며칠을 소파에 누워 꼼짝도 안 하고 밥도 안 먹고 그 생각에 몰두하며 후회와 번민으로 시간을 보내곤 했다.

하늘에서 비가 내릴 때 어떤 그릇을 내어놓고 비를 받느냐에 따라 그 속에 담긴 마음은 달라진다고 한다. 남편은 부정적인 그릇을 내어놓고 모든 것을 그 그릇에 담았다. 그래서 그의 그릇에는 늘 원망과 불안과 불만, 두려움과 분노가 가득했다. 나는 기쁨과 감사와 행복으로 가득한 그릇으로 바꿔주고 싶었다. 하지만 어떤 노력을 해도 바뀌지 않았다. 처음에는 맞서 싸우기도 하고, 울기도 하고, 남편을 신경정신과에 상담받게 하고 싶어서 병원을 찾아가기도 했다. 상담을 받아보니 남편도 남편이지만 나 역시 이미 자잘하게 금이 간 유리와도 같은 상태여서 치료가 필요하다고 했다. 그러나 둘이 아니라 혼자 상담을 받은 터라 우리 관계는 나아지는 것이 없었다.

나는 고통을 숨긴 채 행복한 척하면서 살아가는 삶을 선택했다. 사정을 모르는 친구들은 양가 부모님들이 아이를 돌봐주고 나는 잘나가는 커리어 우먼으로 산다며 나를 부러워했다. 나는 위선적인 사람이었다. 불행을 숨기기 위해 밖에서는 더 웃었다. 하지만 늘 가슴은 두근거렸으며 우울했고 얼굴빛은 어두웠다. 남편의 전화벨이 울리기만 해도 가슴은 불안으로 요동쳤다. 남편이 또 무엇을 트집 잡아 나를 공격할지 두려웠기 때문이었

그 일은 전혀 사소하지 않습니다

다. 나는 억지로 참으면서 '이건 곧 끝날 거야. 나는 살아남을 거야'라고 스스로를 안심시킬 뿐이었다.

사랑, 그 미친놈의 사랑

남편은 자신의 약한 모습을 강하게 포장하고 사랑이라는 명목으로 가족을 억압하고 통제했다. 남편은 늘 자신이 우리 가족을 얼마나 사랑하며 자신이 얼마나 헌신하고 있는지 강조하곤 했다. 그러나 그런 남편의 사랑에 감사하는 가족은 아무도 없었다. 그것이 정말 사랑이었을까? 억압하고 통제하고 화내는 것이 사랑이라고 말하는 그에게 그건 사랑이 아니라 복수라고 말해주고 싶었다. 어느 날 나는 남편에게 눈물로 호소했다.

"당신은 우리를 사랑하고 가족을 위한다고 하지만 우리가 받고 싶은 사랑은 그런 것이 아니에요. 사랑은 받는 사람이 원하는 것을 주는 것이지 자신이 원하는 것을 주는 게 아니에요. 당신이 진정 우리를 사랑한다면 우리가 스스로 걸을 수 있게, 뛸 수 있게 지켜봐줘요." 하지만 남편의 대답은 똑같았다. 가족을 너무 사랑하기 때문에 자기가 보호하는 것일 뿐이라고 했다. '사랑, 그 미친놈의 사랑' 때문에 내가 미쳐버릴 것 같았다.

아무런 희망이 보이지 않을 때 둘째를 임신하게 되었다. 집은 어느덧 TV에 나올 정도로 엉망이 되어 있었다. 남편이 생각하기에도 그 집은 임산부가 지낼 만한 곳이 아니다 싶었는지 회사 근처에 오피스텔을 구해주었다. 몸은 입덧으로 축 처졌지만 남편의 속박과 통제에서 벗어날 수 있어 기뻤다. 그러나 편하면서도 한편으로는 외롭고 서글펐다.

둘째아이를 낳고 친정으로 산후조리를 하러 가면서 자연스럽게 별거가 시작되었다. 둘째아이와 집으로 돌아가려면 집을 청소해야 했는데 남편은 집 치우는 것을 엄두도 못 내고 있었다. 그래서 큰아이는 시댁에서, 나와 둘째아이는 친정에서, 남편은 혼자 집에서 지내는 이상한 가족이 되었다. 나는 남편과 떨어져 지내는 것이 편하고 좋았다. 그러나 큰아이가 늘 짠하고 불쌍했다. 다행히 시어머니께서 아이를 지극정성으로 키우고 있어서 위안이 되긴 했지만 '부모의 빈자리를 아이가 느끼지는 않을까?' '시아버지로부터 생긴 강박증이 아이에게까지 유전되지는 않을까?' 하는 걱정이 내 마음속에서 떠나지 않았다. 그래도 아이가 집에서 아무것도 못 만지게 하는 남편과 함께 사는 것보단 시부모님과 있는 것이 차라리 낫다고 생각했다.

꿈을 꾸었지만 현실은 비참했다

어느 날 갑작스럽게 시아버지께서 쓰러져 병원에 입원하셨다. 대장암 말기였다. 시아버지에게 상처받은 과거가 있었지만 남편은 간병일을 자처했다. 그리고 모든 일을 혼자 하려고 했다. 남편은 천장 공사가 잦은 병원에 가족이 오는 것을 싫어했다. 그는 시어머니도 병원에 오지 못하게 하고 혼자 병상을 지켰다. 누구보다 힘든 시간을 보내고 있던 남편이었지만 가족들은 그런 남편을 원망하기 시작했다. 시어머니께서도 평생 시아버지와 사이가 안 좋으셨지만 마지막으로 화해할 시간이 필요했다. 그런데 남편의 강박증으로 인해 그 기회조차 얻을 수 없자 아들을 원망했다. 시아버지께서는 돌아가시기 거의 직전까지 남편이외에 가족의 얼굴을 볼 수 없었다. 아버님은 돌아가시기 한달 전쯤 노인 요양시설로 옮겨졌는데 그때서야 나도 간신히 아버님을 찾아 뵐 수 있었다. 늘 젊어 보이던 아버님은 뼈만 앙상한 모습으로 변해 있었고 말도 제대로 하지 못하셨다. 내가 아버님을 뵈러 갔던 날, 마침 간호사가 관장을 한다며 병실로 들어왔다. 고무장갑을 끼고 처리를 한 후 나갔는데 그때부터 남편은 안절부절못했다. 고무장갑 안에 고무가 붙지 않도록 파우더를 넣는데 그 파우더 안에 석면이 들어 있다면서 아버님의 옷을 모두 벗기고는 물티슈로 닦아냈다. 남편에게는 암으로 마지막 시간을 힘겹게 보내는 아버지를 배려하는 것보다 석면에 대한 두려움이 더 컸던 것이다. 그때 아무런 말씀도 하지 못한 채 아들을 보던 아버님의 눈빛이 생각난다. 아들에게 폭력을 가했던 아버지가 자신이 뿌린 씨앗의 열매를 이렇게 거두는구나 하는 생각에 마음이 아팠다. 내가 본 아버님의 마지막 모습이었다. 아버님의 임종을 가족들 아무도 지켜보지 못했다.

아버님이 돌아가신 후부터 남편의 폭력과 폭언이 나날이 심해졌다. 나는 더 이상 견딜 수 없었다. 그와 더 살다가는 내가 미쳐버릴 것만 같았다. 그래서 그에게 "지금 당장 이혼하자고 하지는 않겠다. 그렇지만 떨어져 지내면서 서로 생각할 시간이 필요한 것 같다. 나는 더 이상 당신과 함께 지낼 수 없다"고 말했다. 남편은 처음에는 받아들이지 않았지만 내가 워낙 단호하게 말했기 때문에 의견을 받아들였다. 우리는 다시 뿔뿔이 흩어져 살게 되었다. 큰아들은 시어머니 댁에서 할머니와 단둘이 지냈고, 나는 둘째딸과 친정으로 갔고, 남편은 혼자 집에 남았다.

나만 빼고 주변 사람들은 모두 행복해 보였다. 나는 소박한 꿈을 꾸었을 뿐이었다. 단란하고 화목한 가정을 꿈꾸었고 내가 노력한다면 그 꿈을 이룰 수 있을 것이라고 기대했는데 현실은 너무 비참했다. 무엇보다 우리 아이들에게 폭력이 대물림될까봐 걱정이었다. 나의 소중한 두 아이가 상처받고 커서 폭력을 행사하거나 폭력적인 남편을 만날지도 모른다는 생각이 나를 두렵게 했다.

별거 3년 후 나와 딸은 친정에서 분가해 아파트로 이사했다. 이사한 지 며칠 후 남편이 예고도 없이 집으로 찾아왔다. 3년 만의 만남이었다. 그는 집에 들어서자마자 본인과 상의도 없이 이사했다고, 입주 청소도 내 마음대로 했고 가전과 가구를 마음대로 들여놓았다며 화를 내기 시작했다. 나는 그에게 이혼

그 일은 전혀 사소하지 않습니다

하겠다고 말했다. 그러자 그의 구타가 시작되었다. 3년 만에 만난 그는 변한 것이 없었다. 한참을 때리다가 내 눈에서 피가 나기 시작하자 그제야 멈췄다. 응급실로 가서 앉아 있는데 비참했다. 로맨스 소설과 같은 삶을 꿈꿨는데 정작 나의 삶은 '사랑과 전쟁' 같은 드라마가 되어 있었다.

2주 진단을 받고 입원해 누워 있으면서 나는 더 이상 폭력이라는 구덩이에 빠지지 않으리라 결심했다. 퇴원하면서 상해진단서를 끊어 경찰서로 향했다. 그러나 경찰은 결코 여성의 편이 아니었다. 고소장을 접수한 나에게 담당 경찰은 범인을 협박하듯 말했다. "아줌마를 때리는 것 본 사람 있어요? 증거도 없이 고소했다가는 오히려 아줌마가 명예훼손으로 맞고소당할 수도 있어요. 이혼할 때 유리하게 하려고 고소하는 것 다 아는데 끝까지 갈 거 아니면 지금 접수 취소해요. 경찰이 할 일이 얼마나 많은데 이런 일로 피곤하게 하느냐구요." 가정폭력이 그들에게는 너무나도 귀찮은 일이었던 것이다. 나는 피해자인데 경찰은 내가 마치 가해자이며 범죄자인 것처럼 말하고 있었다. 진술할 때도 경찰의 딱딱한 자세 때문에 나는 등에 땀이 주룩주룩 흐를 정도로 긴장되고 힘이 들었다. 폭행해서 입원시켜 놓고 미안하다는 전화 한 통 없던 남편은 고소장이 접수됐다는 경찰의 전화에 득달같이 찾아와 각서라도 쓸 테니 고소를 취하해달라고 빌기 시작했다. 이혼을 할 것인가 기회를 다시 줄 것인가 고민하다가 다시 한 번 기회를 주기로 했다. 내가 고소를 취하하는 대신 남편은 자신의 폭행을 인정하고, 다시 폭행을 할 경우 형사상 처벌을 달게 받겠다는 각서를 법률사무소에서 작성하고 공증까지 받아줬다.

남편은 시댁에서 지내던 큰아들과 함께 이사한 새집으로 들어왔다. 드디어 온 가족이 함께 살게 된 것이다. 하지만 남편의 약속은 얼마 가지 못했다. 가족이 합칠 때까지만 해도 남편의 강박증은 많이 좋아진 듯 보였다. 그러나 몇 달 지나지 않아 예전의 증세가 다시 나타나기 시작했다. 3년간 떨어져 지냈기 때문인지 남편의 그런 모습을 받아들이기가 더 힘들었다. 10년 넘게 시댁에서 외동처럼 자란 큰아들, 친정에서 온갖 귀여움을 받고 자란 둘째딸, 강박증의 남편, 직장생활만 해서 살림에 서툰 나까지 우리 가족은 서로가 익숙하지 않은 채 삐걱거리며 지내야 했다. 너무 힘들어서 마음 가득 눈물이 차올라 누구와 조금만 부딪혀도 울컥할 것 같았다. 회사에서도 일에 집중할 수 없었다. 그런 나에게 친구는 재혼했다 생각하라고 충고해주었다. 오랫동안 떨어져 있었는데 서로에게 익숙해지고 적응하는 게 쉽지는 않을 거라며 그래도 아이들은 친자식이고 친형제이니 갈등은 덜할 것이라고 위로했다.

몇 달간의 조용했던 시간 후 남편의 이해하기 힘든 행동들이 다시 시작되었다. 친구들과 만나지도 못하게 하고 가족행사에도 못 가게 했다. 내가 경찰에 고소했을 때 회사 일에 집중하지 못해 상사에게 밉보여서 해고될 것 같다며 나를 원망하기 시

그 일은 전혀 사소하지 않습니다

작했다. 그는 항상 다섯 살 아이처럼 "너 때문"이라는 말을 입에 달고 살았다. 회사에서 자신을 그만두게 할 요량으로 지방에 있는 공장들을 순회해 보고서를 작성하라고 했다면서 출장을 다녀온 날, 그는 집에 들어오지 않고 찜질방이라며 전화를 했다. 출장으로 힘들었을 텐데 집에 와서 쉬지 왜 찜질방에 갔느냐고 묻자 출장 간 공장이 석면과 공사 폐기물을 처리하는 곳이었다면서 자신의 온몸을 오염시킨 석면을 끈끈이 테이프로 롤러질을 해서 다 없애야 집에 올 수 있다고 했다. 그는 그때부터 일주일에 4~5일은 출장을 갔고 그날은 어김없이 찜질방에서 잤다. 남편이 집에 돌아오지 않는 것을 아이들과 나는 은근히 좋아하고 있었다.

실직, 노숙자처럼 변해가는 남편

남편은 회사에 늘 하나의 옷만 입고 다녔다. 양복을 사주겠다고 해도 거절했다. 퇴근해 돌아오면 몇 년이나 입어서 반들반들 해진 양복을 아파트 현관 앞에서 조심조심 벗어 쇼핑백에 담아 두고 홀딱 벗은 알몸으로 목욕탕에 직행했다. 그곳에서 한 시간 이상을 온몸 구석구석 닦아냈다. 그리고 아침에는 쇼핑백에 들어 있던 그 쉰내 나고 구겨진 옷을 다시 꺼내 입고 출근했다. 구두도 노숙자나 신을 법한 헌 구두만 신었다. 남편은 누구에게나 호감을 주는 훤칠한 외모를 가진 사람이었지만 늘 냄새나는 꼬질꼬질한 와이셔츠에 구겨진 양복을 입고 회사에 다니고 있었다. 옷차림도 경쟁력인 세상이라고, 여직원들이 뒤에서 흉본다고 제발 옷을 신경 쓰라고 말해도 소용없었다. 한겨울에도 얇은 여름 양복에 코트도 없이 견뎠다. 그에게 옷이란 세상의 모든 더러운 것에 오염되어 털고 또 털어야 하는 대상일 뿐이었다.

남편은 늘 자기가 아프다는 것을 인정하지 않았다. 오히려 고통을 숨기고 방어하며 살았다. 그는 직장생활을 하면서 자신의 강박증을 숨기기 위해 무던히도 노력했다. 하지만 그가 아무리 노력해도 회사생활이 원만할 수는 없었다. 그는 성실하고 똑똑한 사람이었지만 인간관계가 늘 삐걱거렸다. 마음을 나눌 친구도 없었고 직장에서는 사람들과 잘 지내다가도 한 번씩 사소한 일로 분통을 터트려서 관계를 망치곤 했다.

남편은 결국 회사에서 해고 통고를 받았다. 그는 집에 있고 나는 회사에 출근했다. 집에서 며칠 지내던 남편에게 갑자기 공황장애 증상까지 나타났다. 우리 가족은 외출을 금지당했다. 가족이 직장과 학교와 유치원에서 돌아올 때까지 남편은 걱정으로 현관 앞을 떠나지 못하고 있다가 우리를 맞았다. 그는 끈끈이 테이프로 꼼꼼히 우리의 머리끝에서 발끝까지 롤러질을 해댔다. 나와 아이들은 남편이 만족할 때까지 두 손을 허수아비처럼 펴고 현관에 서 있어야 했다. 딸아이가 오줌이 마렵다고 울어도, 심지어는 참다가 오줌을 싸도 아랑곳하지 않고 40분 이상을 롤러질해야 남편의 불안은 해소되었고 그제야 우리는 집 안으로 들어갈 수 있었다. 집 안에 들어서서도 현관 앞에서 조심스럽게 모든 옷을 벗어서 접어놓고 현관문 옆 화장실에 들어가 남편이 지시한 방법대로 손과 발을 닦고 난 후 까치발로 안방 화장실로 들어가서 30분 이상 샤워를 해야만 집 안을 온전히 다닐 수 있었다. 정작 남편은 집에 있을 때 양치질도 샤워도 하지 않고 현관 앞마루에서 밥을 먹으며 페트병을 베고 잠을 잤다. 남편에게 샤워란 세상 밖의 오염된 물질들을 씻어내는 세정의 의미밖에 없었다. 집 밖을 나가지 않으니 샤워할 필요가 없었던 것이다. 하루하루 노숙자처럼 변해가는 남편에게 말했다. "여보 당신 모습을 거울로 한번 봐요. 거리의 부랑인 같아요. 이번듯한 아파트 안에서 당신은 노숙자처럼 살고 있어요."

남편은 자신도 그렇게 생각한다고 말하면서도 태도를 바꾸지 않았다. 심지어 남편은 미용실이나 병원에도 석면이 있다고 생각해서 미루고 미루다가 어쩔 수 없는 경우에만 직접 아이들을 데리고 갔다. 그때마다 아이들은 아빠가 어떤 것을 가지고 트집을 잡고 화낼지 몰라서 극도로 긴장하곤 했다. 자신의 통제에서 조금만 어긋나도 집에 돌아와 불같이 화를 냈기 때문이다.

그런 통제 속에서 자란 큰애는 학교생활이 원만치 못했다. 남편은 둘째보다 큰애에게 더 엄격했다. 어쩌면 당연한 결과겠지만 아이는 틱장애가 있었고 감정조절을 잘 못했다. 잘 지내다가도 사소한 일에 분통을 터트려서 친구들을 당황하게 만들곤 했다. 아이는 남편의 외출 금지 때문에 친구네 집에 놀러갈 수도 없었고 친구를 집에 부를 수도 없었다. 학교에서도 서서히 외톨이가 되어가는 것 같았다. 남편은 아이들이 자신처럼 크지 않기를 바랐지만 그의 잘못된 행동들은 아이들을 자신과 같이 상처받고 미성숙한 채로 남아 있게 했다.

끝을 알 수 없었던 암흑 같은 생활

그나마 내가 숨 쉴 수 있는 곳은 회사뿐이었다. 회사에서는 어느 누구보다 밝게 웃고 즐거운 듯 생활했다. 회사에 있는 동안에는 의식적으로 남편에 대한 기억을 지우려고 했다. 하지만 일에 집중할 수가 없었다. 엎친 데 덮친 격으로 남편이 실직하고 3개월 후 나마저도 실직했다. 경제적으로 어려워지는 것보다 남편과 하루 종일 함께 있어야 한다는 두려움이 더 컸다. 사사건건 트집 잡고 잔소리하며 화를 내는 그와의 시간을 감당할 자신이 없었다.

그와 나의 동거가 시작되었다. 우리는 서로의 구역을 존중했다. 그는 하루 종일 거실 소파에서 지냈고 나는 안방에서 시간을 보냈다. 다행히 휴대전화 덕분에 견딜 만했다. 휴대전화로 책도 읽고 성경을 읽고 기도를 하고 스트레칭도 하며 시간을 보냈다. 남편은 마치 소파와 한 몸이 된듯했다. 소파에서 밥을 먹고 TV를 보고 잠을 잤다. 내가 밖에 나갈 수 있는 시간은 둘째 아이를 유치원 셔틀버스에 태우러 가거나 데려올 때뿐이었다. 마치 감옥에 갇힌 장기수 같은 생활이었다. 언제 이 시간이 끝날지 알 수조차 없었다.

남편은 이제 장보기와 쓰레기 분리수거도 본인이 직접 했다. 남편이 장을 보러 가면 시간이 아주 오래 걸렸다. 물건을 고를 때 하나하나 꼼꼼히 포장 상태를 확인하고 그중 제일 상태가 좋은 것을 고르지 않으면 성에 차지 않았다. 그렇게 사온 물건을 화장실 욕조에서 샤워기로 꼼꼼히 닦았는데 시금치 같은 채소도 극도로 신경을 곤두세워 살펴보곤 했다. 남편의 검열을 통과한 물건들을 새 비닐백에 담아 냉장고에 넣고서야 장보기 업무가 끝이 났다. 그러고 나면 남편도 나도 탈진되곤 했다.

여섯 살 딸아이의 목욕도 남편이 시켰다. 40분이 넘는 목욕 시간을 아이는 힘들어했다. 샴푸질을 세 번씩 하고 몸에 비누칠을 두 번씩 했다. 얼굴을 닦을 때도 샤워기로 물을 마구 뿌려대는 통에 아이는 늘 울 수밖에 없었다. 딸이 빨리 끝내달라고 아무리 애원해도 소용없었다. 목욕에 대한 두려움을 가지고 있던 딸은 쉼터에 온 이후에도 오랫동안 씻는 걸 거부해 애를 먹였다.

아이들은 체험학습도 갈 수 없었다. 자신의 통제권 밖으로 아이들을 내보내는 것을 두려워한 남편이 절대 허락하지 않았기 때문이다. 둘째는 나에게 보내달라고 졸라대기도 했지만 큰

아이는 어차피 갈 수 없다는 걸 알았는지 오히려 가기 싫다고 말했다. 그런 큰아이가 안쓰러워 더 마음이 아팠다.

외돌토리 인간처럼 남편은 집 안에 틀어박혀 살았고 가족도 자신과 같이 만들려고 했다. 그를 그처럼 두렵게 했던 기억은 무엇이었을까? 어느 날 그를 위해 기도하는 내 마음속에 다섯 살가량 되어 보이는 남편의 어린 시절 모습이 떠올랐다. 그 아이는 웅크려 울고 있었다. 내 아들과 너무 닮은 모습이어서 마음이 아팠다. "아가야 울지 말렴. 외롭고 무섭구나. 너를 사랑한단다. 너를 이해해"라고 말해주고 싶었다. 남편이 그렇게 슬퍼하며 울 때 그를 안아줄 사람이 한 명만 있었더라도 그렇게 상처받지는 않았을 텐데 하는 생각이 내 마음을 아리게 했다.

날이 갈수록 그는 상대하기가 힘들 정도로 폭력적이 되어갔다. 사소한 이유들 때문이었다. 아이를 셔틀버스에 태우다가 길바닥에 넘어뜨렸다는 이유로 길가에서 주먹질을 하기도 했다. 나를 때릴 때 그는 자제력을 잃은 나머지 눈동자의 초점조차 사라져 있었다. 그는 언제부터인가 폭력을 저지른 후에도 미안해하지 않았다.

아파트 위층에는 네 살짜리 아이가 하루 종일 콩콩거리며 뛰어다녔다. 백수가 된 남편의 모든 신경은 이제 위층의 소음에 모아지기 시작했다. 그전에 직장에서 늦게 퇴근하던 우리에게 그것은 참을 만한 것이었지만, 하루 종일 소파에서 지내는 남편에게는 참을 수 없는 것이 되었다. 아이들과 나는 차라리 다행

그 일은 전혀 사소하지 않습니다

이라고 생각했다. 모든 비난의 화살이 가족이 아닌 타인에게 향해지면서 마음의 상처를 덜 받게 되었기 때문이었다.

"나 췌장암이래"

남편은 9개월 만에 다시 직장을 구했다. 남편은 회사에 출근하면서도 나의 외출을 통제했다. 가계 재정, 쓰레기 분리수거, 장보기 모두 남편이 도맡아하면서 그는 휴일에도 쉬지 않았다. 그래도 9개월간 그와 같은 공간에 있으며 이를 꽉 물고 인내해왔던 터라 남편이 출근하게 된 것만으로도 고마울 따름이었다.

모든 게 조금씩 회복되어가는 것처럼 보이던 어느 날 밤, 그는 진통하는 산모처럼 배를 부여잡고 소리치며 고통을 호소했다. 응급실로 가서 CT를 찍고 검사를 했는데 신장 결석이라고 했다. 그 후로도 계속 배에 진통이 오곤 했지만 새로운 회사에 적응하고 있던 남편은 진통제로 참아내고 있었다. 진통이 점점 심해지자 병원에 가는 것을 그렇게도 싫어하던 남편이 자기 발로 병원을 찾아가 암 검사를 받았다. 마음의 병도 그렇게 빨리 병원을 찾아 도움을 받았다면 얼마나 좋았을까?

그의 암 검사 결과가 나온 날을 잊을 수가 없다. 그는 전화를 받지 않았고 연락도 없었다. 마음속에서 불길한 걱정이 뭉글뭉글 피어오르고 있었다. 그가 현관에 들어서는 순간 얼굴을 보니 뭔가 안 좋은 결과가 나왔다는 것을 직감했다. 그는 아무 말도 안 하고 소파에 앉더니 마구 울기 시작했다. "나 췌장암이래."

시간이 멈춰버리는 것 같았다. 드라마의 한 장면 같아서 믿기지 않았다. 남편은 이제 마흔일곱 살이고 둘째는 겨우 일곱 살이었다. 나는 어떤 말도 할 수 없었다. 우리 둘은 소파에 앉아 한동안 울기만 했다. 남편이 미안하다고 했다. 결혼생활 동안 처음 들어보는 진심어린 사과였다. 나는 화가 났다. "결혼생활 13년간 우리는 너무나도 불행하게 살았어요. 가족이 함께 여행도 못 가봤고 외식은 엄두도 내지 못했어요. 당신의 석면 걱정에 아무것도 못하고 살았는데 그 결과가 췌장암인가요? 집을 한번 둘러보세요. 집 꼴을 이렇게 만들면서 살았는데 우리가 희생한 결과가 췌장암이냐구요."

남편도 나처럼 소리 지르고 싶었을 것이다. 자신이 가장 두려워하던 일이 자신에게 벌어진 지금이 꿈이었으면 하고 간절히 바랐을 것이다. 이제는 집을 치워도 되겠냐는 물음에 마스크를 쓰고 조심해서 치우라고 허락해주었다. 남편은 그 다음날 병원에 입원해서 정밀검사를 받았다. 그는 병원에 동행하겠다는 나를 오지 못하게 했다.

나는 썩은 옷무덤으로 엉망이 되어버린 집을 치우기 시작했다. 남편의 마음이 변하기 전에 얼른 집을 치워야겠다고 생각했고 한편으로는 암 진단을 받은 그가 더 이상은 석면에 대해

그 일은 전혀 사소하지 않습니다

걱정하지는 않을 거라고 생각했다. 버릴 것은 버리고 기부할 것은 기부하면서 집 안 물건들을 정리했다. 이것들을 정리하고 청소하는 데만도 일주일이 걸렸다.

남편의 허락을 받긴 했지만 남편의 마음이 도중에 변할까 봐 불안했다. 다 치운 후에는 어쩌랴 싶기도 했다. 어느 날, 병원에 있던 남편이 갑자기 집에 돌아왔다. 집안일이 걱정돼서 외출한 것이었다. 남편은 깨끗해진 집 안을 보고 미친 듯이 화를 내기 시작했다. 자기가 암에 걸린 것은 다 내 탓이고 나 때문에 스트레스를 받아 이렇게 수술도 안 되는 말기 암 판정을 받았다고 소리쳤다. 자기 허락도 없이 집을 치운 것은 자기를 무시한 것이고 자기가 빨리 죽어 없어지기를 바란 것이라고 했다. 청소를 허락하지 않았느냐고 물으니까 그건 자기가 죽은 다음에 치우라는 뜻이었다고 했다.

어차피 죽을 목숨 너 죽고 나 죽자면서 내 얼굴을 집중적으로 때리기 시작했다. 살기가 느껴졌다. 맞으면서 이러다 잘못하면 진짜 죽겠구나 싶었다. 폭력은 오전 10시에 시작되어 오후 4시가 될 때까지 계속되었다. 작은아이는 울다 지쳐 소파에서 잠들었고 큰아이는 공포에 질려 자기 방에서 쥐죽은 듯 조용히 있었다. 남편은 아이에게 나에 대한 저주의 말을 퍼부었다. "아빠는 네 엄마 때문에 암에 걸렸으니 내가 죽고 나면 나 대신 엄마에게 복수를 해야 한다."

육체적 고통보다 그 말 한마디가 나를 더 아프게 했다. 그 말은 그가 화가 나서 그냥 해본 말이 아니라 진심이라는 것을 알기 때문이었다. 내 가슴은 칼로 마구 그어지는 듯 아팠다. 그리고 슬펐다. 내가 암 진단을 받았더라도 나 역시 분노했을 것이다. 그러나 그 분노를 이런 방식으로 가족들에게 풀지는 않았을 것이다. 나는 눈물을 흘리며 남편의 폭력을 고스란히 받아내고 있었다. 한참을 맞다보니 얼굴에서 피가 나기 시작했다. 그제야 그가 멈췄다. 큰아이는 집에 혼자 둔 채 둘째만 데리고 응급실로 갔다. CT를 찍고 여러 가지 검사를 했다. 의사는 눈의 각막이 긁힌 상태인데 조금만 더 충격이 있었더라면 각막이 손상될 뻔했다며 다행이라고 했다. 시간이 지난 후 각막박리가 올 수도 있는데 그렇게 되면 시력을 잃을 수 있으니 갑자기 시야가 어두워지면 바로 응급실로 오라고 말했다.

다음날 나는 친구를 통해 소개받은 교회 목사님께 전화해서 자초지종을 털어놓고 셀카로 찍은 사진을 전송했다. 사진 속의 내 왼쪽 눈은 빨갛게 변했고 얼굴 전체가 시커멓게 부어 있었다. 사진을 보신 목사님은 깜짝 놀라 신변에 위험이 있을 것 같으니 당장 경찰서에 가서 긴급 SOS 콜서비스를 신청하라고 말씀하셨다. 휴대전화에 112를 단축번호로 등록해놓고 긴급할 때 버튼만 누르면 경찰서에 주소가 떠서 경찰이 출동한다고 했다. 남편이 병원에 간 틈을 타 동네 지구대에 가서 긴급 SOS 콜서비스를 신청하려고 하니 경찰들은 그런 것이 있는지조차 알지 못했다. 나이가 지긋해 보이던 경찰관은 젊은 경찰에게 전화

그 일은 전혀 사소하지 않습니다

를 해보더니 "그런 게 있네요"라면서 접수를 받아주었다. 나는 엉망이 된 얼굴을 보여주며 남편에게 어제 맞아서 그런 것인데 오늘도 때릴 것 같으니 전화하면 바로 출동해달라고 부탁하고 집으로 돌아왔다.

남편은 내가 집으로 오자마자 소변에서 피가 보이기 시작했다면서 너 때문에 화를 내서 암이 전이된 것 같다고, 너는 살인자라고 소리를 지르며 나를 발로 걷어차기 시작했다. 더 맞다가는 사고가 날 것 같다는 생각에 피하니까 이번에는 목을 졸랐다. 간신히 뿌리치며 제발 그만하라고 사정을 해도 이렇게 된 마당에 가만두지 않겠다며 다시 발로 걷어찼다. 딸이 안방에서 "아빠 제발 그러지 마세요. 아빠 무서워요"라며 서럽게 울었다. 딸의 울음소리가 듣기 싫었는지 잠시 폭력을 멈추고 나에게 안방에 가서 아이를 달래주라고 했다. 마침 휴대전화가 안방에 있었다. 부들부들 떨리는 손으로 간신히 112 단축번호를 눌렀다 꺼버렸다. 가슴이 벌렁거렸다. 조금 후에 휴대전화가 울리기 시작했다. 112였다. 얼른 받아보니 안내원이 112에 신고하셨느냐며 장난전화 아니냐고 물었다. 너무 황당했다. 내가 받았기에 망정이지 남편이 받았다면 나는 신고한 것에 대한 분풀이로 맞아 죽을 수도 있었다. 쉼터에 와서 나와 같은 상황으로 한 여자가 남편에게 살해되기도 했다는 것을 알게 되었다. "맞아요. 빨리 와주세요!"라고 말하고 얼른 전화를 끊었다. 다행히 남편은 거실 소파에 누워 있어서 눈치채지 못했다. 나는 다시 거실로 돌아와 경찰이 오면 어떻게 해서라도 밖으로 뛰쳐나가려고 기다리고 있었고, 남편은 그치지 않고 우는 둘째를 달래려고 안방에 들어가 있었다. 초인종이 울렸다. 나는 무작정 현관문을 열고 밖으로 나갔다. 경찰이 집 안으로 들어서자 남편은 당황하기 시작했다. 아이들을 데리고 경찰서로 가려고 하는데 큰아이는 집에 있겠다면서 따라나서는 것을 망설였다. 나는 더 지체할 수 없는 상황이어서 둘째만 데리고 가방 한 개를 달랑 들고 급하게 뛰쳐나왔다.

비로소 나 자신을 되찾다

여성의전화에 전화해 긴급피난처로 갔다. 두고 나온 아들이 걱정됐지만 집으로 돌아가면 다시 살아나올 수 없을 것 같았다. 너무 무서웠다. 그곳에서 상담하시는 분에게 내 상황을 설명하니 지금은 남편이 너무 흥분한 상태이고 분노하는 단계이니 떨어져 지내는 것이 좋겠다고 충고해주었다. 집에 아들이 있어서 걱정이 된다고 했더니 아들이 초등학교 5학년이라서 가족 쉼터로 가야 하는데 자리가 잘 나지 않는다고 했다. 10세 이상의 남자아이는 가족쉼터 외에는 함께 있을 수 없었던 것이다. 나는 10세 미만의 남자아이만 입소 가능한 단기쉼터로 가야 하는 상황이었기 때문에 12세인 큰아들이 함께 갈 수 없는 상황을 시어

그 일은 전혀 사소하지 않습니다

머니께 설명하고 큰아들을 부탁드렸다. 그렇게 해서 의도하지 않았지만 나는 딸아이와 둘이서 쉼터에서 지내게 되었다. 그 일이 있기 전까지는 미혼모를 위한 쉼터가 있다는 것은 알았지만 가정폭력 피해자를 위한 쉼터가 있다는 건 몰랐다. 설사 알았다고 하더라도 아이를 데리고 쉼터까지 간다는 생각은 하지 못했을 것이다.

처음 쉼터에 도착해 내가 거하게 될 작은 방에 아이와 앉아 계속 울었다. 내가 어쩌다 이런 곳까지 흘러 들어왔을까 하는 절망감 때문이었다. 아픈 남편과 어린 아들을 두고 왔다는 죄책감도 있었다. 나는 쉼터에 온 후 몸은 편해졌지만 밤마다 잠을 이룰 수 없었다. 불면의 밤을 보내며 내 속에 있는 불안을 보았다. 남편의 암 진단은 내가 상상할 수 있는 가장 최악의 상태였다. 남편이 죽고 나면 나는 과부가 될 것이고 아이들은 아빠 없이 자라야 한다. 결혼생활 13년, 고난은 충분하다고 생각했고 이제는 차츰 나아질 것이라 기대했다. 그런데 나는 더 어두운 터널 속으로 들어간 기분이었다. 왜 나에게 이런 일이 일어나는지 원망도 했다.

쉼터에 와서 딸과 함께 쇼핑을 하고 도서관에 가고 공원을 산책하고 영화를 보았다. 자유롭게 마음껏 뛰어노는 딸을 보는 것이 나에게는 큰 행복이었다. 아이는 쉼터에 온 한 달간 늘 내 허리 뒤에 숨어 있었다. 사람들이 묻는 말에도 대꾸하지 않았다. 엄마가 자기만 두고 어디 갈까봐 늘 불안해하고 잠시라도

나에게도 가정 성공신화가
있었음을 깨달았다. 아이들에게
상처를 주고 싶지 않았고 이혼을
내 인생의 실패라고 생각했다.

내가 눈에 띄지 않으면 눈물을 터트리곤 했다. 쉼터가 안전한 곳이라는 것을 깨달아가면서 아이는 점점 밝아지기 시작했다. 특히 동갑내기 여자 친구가 쉼터에 오고 나서부터는 많이 웃고 친구와 재잘거리는 밝은 아이로 변해갔다. 그러다가도 아이는 간혹 울상인 얼굴로 내게 말했다. "엄마, 나 아빠가 잡으러 올까 봐 무서워." 안정을 되찾는 것 같았던 아이의 속마음에 아빠에 대한 지울 수 없는 두려움이 있었구나 싶어 마음이 아팠다. 딸 못지않게 나에게도 집에 돌아가는 것에 대한 두려움이 컸다.

나는 끊임없이 인내하며 참아왔지만 가면을 쓰고 숨어 살고 있었음을 쉼터에 와서 깨달았다. 많은 여자들이 배우자로부터 믿기 힘들 정도의 학대나 무시를 받으면서도 참고 살고 있었다. 하지만 그것이 자신이나 배우자를 사랑하는 것과는 무관하다는 것을 알게 되었다. 그 이유가 무엇이든 인내는 최선이 아니다. 가족을 사랑한다면 이제 다른 선택을 해야 한다.

쉼터에 와서 개인 상담을 받고 심리 검사를 하고 집단 상담 프로그램들을 하나하나 해나가면서 나도 몰랐던 나에 대해서 알게 되었다. 상처 입은 어린 시절의 나, 참는 것이 습관이 되어버린 나, 'NO'라고 말하지 못하는 나, 불쾌한 기억은 얼른 묻어버리고 절대 열어보지 않는 나…… 알려고 해본 적도 없는 나 자신에 대해 몇 달 사이에 많이 알게 되었다. 또한 나를 사로잡고 있던 두려움이 무엇이었는지도 알게 되었다. 나에게도 가정 성공신화가 있었음을 깨달았다. 아이들에게 상처를 주고 싶지 않았고 이혼을 내 인생의 실패라고 생각했다. 겉으로 보기에 아름다운 나의 유리거울이 깨져서 내 모습이 찌그러져 보이는 것을 견딜 수 없었던 것이다. 그리고 나를 끊임없이 괴롭히는 남편이 마치 장애를 앓고 있는 자식처럼 여겨져 차마 버릴 수 없었다는 것도 알았다.

나는 쉼터에서 생활하면서 폭력적인 결혼생활의 희생자로만 남지 않겠다고 결심했다. 나는 역경을 통해 다른 사람의 고통을 이해할 수 있는 마음의 눈을 키웠고 고통으로 아파하는 사람을 위로할 수 있게 되었다. 쉼터에서 받은 정서적 지지는 나를 더 건강하게 만들었고 새로운 힘을 가질 수 있게 해주었다. 남편의 폭행이 처음 시작되었을 때 "이런 행동은 오늘로 끝!"이라고 말하고 주변에 알리고 쉼터의 도움을 받았어야 했다.

쉼터 상담 선생님들은 쉼터에 오는 분들은 생존자이며, 폭력 상황에서 뛰쳐나올 수 있을 만큼 힘이 있는 분들이라는 것을 강조한다. 나 역시 그 말에 공감한다. 아이를 데리고 혹은 아이를 두고 낯선 쉼터라는 공간으로 들어간다는 것이 생각처럼 쉬운 일은 아니다. 더 이상 뒤로 물러설 곳이 없을 만큼 최악의 상황에서야 쉼터로 오게 된다. 쉼터는 말 그대로 전쟁과 같은 결혼생활의 고통을 내려놓고 쉴 수 있는 곳이다. 안전한 곳에서 나와 같은 경험을 가진 여성들과 아픔을 공유하고 생각을 바꾸고 힘을 키우는 곳이다.

개인 상담을 하면서 결혼생활 중 힘들었던 점들을 하나하나 꺼내며 참 많이도 울었다. 잊어버리고 싶은 기억을, 외면하고 싶은 기억을 다시 생각해내는 일은 정말 고통이었다. 상담 선생님이 말씀해주셨다. 지난 상처는 음식물 쓰레기 같은 것이라고. 꽁꽁 싸서 묶어두면 냄새는 안 나겠지만 안에서는 썩고 있다고. 묶어두기만 하면 언젠가는 빵 하고 터지는데 터지고 나면 수습하기가 더 힘들다고 말이다. 나 역시 그랬다. 남편의 끊임없는 강박적 요구에 내 마음속은 미움과 두려움이 쌓였는데, 그런 감정들을 표출하지 못하고 억압하고만 있었으니 속에서 그것들이 상하기 시작했다. 얼굴은 웃고 있어도 늘 어두웠고 가슴은 항상 답답했다. 나는 쉼터에서 그것들을 하나씩 열어보았다. 압력을 빼듯이 내 속에 무엇이 있는가를 알고 이해하면서 상처를 치유했다. 차츰 마음이 시원해짐을 느꼈다.

글쓰기 치유 프로그램 시간에 나는 살아온 인생을 한 자 한 자 적어 내려갔다. 무의식 한편에 밀어놓고 지내온 아픈 기억들을 꺼내 정리하는 작업을 시작한 것이다. 끔찍했던 그 시절을 회상해야 한다는 건 결코 쉬운 일이 아니었다. 그 과정이 너무 아프고 힘들어 글을 쓰고 난 후에는 꼭 몸살을 앓았다. 수많은 폭력의 밤에 느꼈던 두려움과 좌절, 수치심이 살아났다. 밤마다 그가 나타나는 악몽을 꿨다. 입 안이 다 헐고 어깨가 끊어질 듯이 아팠다. 마치 몸이 아우성치는 것 같았다. 나도 너무 힘들었다고. 살고 싶었다고.

그러나 한 번 쓰고 한 번 직면하고 나면 그 기억이 조금씩 편해지곤 했다. 고통이 썰물처럼 서서히 밀려나가는 기분이었다. 고통의 시간을 통과하면서 힘이 생겨나고 있음을 느꼈다. 내가 나의 상처를 바라보지 못할 때는 아이들의 상처를 보기 두려웠다. 아이들이 그때 얼마나 힘들었는지 바라볼 자신이 없었다. 그런데 이제 내 상처를 직면하면서 아이들의 상처와도 마주할 용기가 생겼다.

"강바닥에 있는 바위처럼 아무런 불평 없이 자신을 덮쳐오는 물살을 견디어낸다." 책을 읽으며 마음이 찡했던 구절이다. 내가 그랬듯이 강바닥에 박혀 있는 것이 자신의 운명이라 여기고 가족과 친구에게 도움을 청하는 것조차 시도하지 못한 채 힘겹게 물살을 견뎌내고 있는 많은 여성들에게 말해주고 싶다. 용기 내어 도움을 청해보라고. 창피하다는 이유로 도움을 구하지 못한다면 내 안에 가득한 썩은 음식물 쓰레기를 들여다보지 않는 것과 같다고.

내가 암흑 같은 고통에서 헤어나오지 못할 때 내 곁을 지켜주신 하나님과 목사님과 가족 그리고 친구들, 쉼터에서 만난 여러 사람들을 통해 나는 자신을 지켜낼 힘을 얻었고 남을 도울수 있는 사람이 될 수 있었다. 그런 만남의 축복이 있었음에 감사드린다. 산산이 부서져버린 유리조각이 빛을 받았을 때 다이아몬드처럼 반짝인다는 그 글처럼, 나는 고통을 겪었지만 남은인생이 유리조각에서 다이아몬드처럼 반짝일 것을 믿는다.

그 일은 전혀 사소하지 않습니다

Q. 남편은 어떻게 되었나요?

남편은 제가 쉼터에서 돌아온 직후 바로 재산 분할을 위한 이혼 소송을 청구하려 했어요. 재산 명의가 모두 다 제 앞으로 되어 있었으니 망정이지 남편 앞으로 되어 있었다면 남편이 저 몰래 시어머니나 시누이 앞으로 명의를 돌려놓았을 거예요. 시어머니는 재산에 욕심을 내며 암투병 중인 아들에게 손자는 자신이 키울 테니 이혼하라고 부추겼습니다.

남편은 폭력으로 저에게 형사 고소를 당한 적이 있어요. 저는 그때 고소를 취하하면서 주변 분들의 충고로 폭력 사실을 인정한 내용을 공증받아놓았습니다. 이 때문에 남편은 본인이 이혼 소송을 청구할 권리가 없다는 것을 알게 되었어요. 그러자 남편은 아들을 저 몰래 시누이에게 빼돌린 후 저를 서울 아동복지센터에 아동학대로 신고까지 했어요.

남편의 암 진단과 폭행, 그로 인해 쉼터에서 숨어 살아야 했는데, 아들도 뺏겼고 이혼 소송까지 진행해야 했던 2015년은 저에게 고통 그 자체였습니다. 주변 사람들은 인생을 마무리해야 하는 시간에 이혼 소송에 몰두하는 남편을 이해하지 못하겠다고 했어요. 그는 끝까지 화해의 손길을 내밀지 않은 채 2016년 봄, 저세상으로 떠났어요. 시댁 식구들은 남편의 죽음을 저에게 알리지 않은 채 자기들끼리 장례를 치러서 저는 한 달 후 국민연금관리공단을 통해서야 남편의 죽음을 알게 되었죠. 그뿐 아니라 시어머니가 저를 상대로 아들의 양육권 소송까지 청구한 상황이라 저는 지금도 아들의 양육권을 가지고 소송 중이에요.

Q. 남편과 함께 산 시간과 남편이 떠나고 없는 지금 시간을 비교한다면 어떻게 다른가요?

남편의 사망 소식을 들었을 때 저를 옭매고 있던 무거운 짐이 떨어져 나간 느낌이 들었어요. 더 이상 두려움과 고통 속에 살지 않아도 된다는 것에 기뻤죠. 항상 흑백사진처럼 칙칙하던 풍경이 원색의 사진처럼 아름답다고 느낄 수 있는 마음의 여유도 생겼어요.

Q. 지금도 '가정 성공신화', '이혼은 실패'라는 통념에 매여 폭력을 견뎌내고 있는 여성들이 있는데, 그들에게 어떤 말을 해주고 싶으신가요?

우리는 누구나 세상에 단 한 명밖에 없는 소중한 존재이고 존중받아야 할 존재라는 것을 알아야 해요. 남편의 폭력에 시달리고 있다면 하루라도 빨리 'NO'라고 말하고 뛰쳐나와야 합니다. 자식을 위해서 폭력을 참아내는 것은 아이들에게도 폭력을 강요하는 것과 마찬가지예요. 아버지에게 엄마가 폭력을 당하는 모습을 방관자로 지켜봐야만 하는 아이들이 얼마나 괴로운지도 알아야 해요.

Q. 시아버지의 폭력이 남편에게 대물림되었고 남편의 폭력이 아이들에게 대물림되지 않을까 불안과 두려움이 있다고 했는데 지금 아이들은 어

그 일은 전혀 사소하지 않습니다

뗳게 성장하고 있나요?

아이들에 대한 걱정으로 가득했던 저는 신경정신과 상담을 지속적으로 받았어요. 의사 선생님은 아동학대를 받는 아이들이 심한 내적 상처를 받는다고 말씀하셨는데요. 다행히 제 아이들은 남편에게 신체 폭력과 같은 직접적 아동학대를 받지 않았고 엄마가 자신을 사랑하고 있다는 것을 인지하고 있기 때문에 제가 등대처럼 흔들리지 않고 사랑하며 기다려준다면 시간이 걸릴지라도 회복될 것이라고 말씀해주셨어요. 저는 폭력을 당했을 때 쉼터에 가서 도움을 받으며 저와 아이들이 폭력 상황에 노출되는 것을 막았어요. 약해 보이던 엄마가 바로 서서 삶을 헤쳐나가는 모습을 지켜보며 아이들도 삶의 긍정적인 부분을 배우게 될 것이라고 말씀해주셔서 이제는 저 자신이 바로 서는 것에 더 집중하고 있어요.

엄마가 행복해지면 아이들도 행복해져요. 엄마가 강해지면 아이들도 강하게 클 수 있어요. 한때는 저도 아이들에게 화목한 가정을 줄 수 없다는 사실 때문에 힘들었죠. 하지만 아이들이 어려움을 겪지 않도록 모든 어려움을 대신해준다면 아이들이 성장한 후 어떤 어려움을 겪을 때 헤쳐갈 힘이 없을지도 몰라요. 다른 아이들보다 어린 나이에 어려운 일을 많이 겪었지만 이 일을 통해 아이들이 더 강해지고 남을 배려하고 이해하는 어른으로 자라길 바랍니다.

딸은 학교 선생님께 나무랄 데 없을 정도로 잘하고 있다는 칭찬을 받았어요. 쉼터에서 보낸 시간을 통해 지금의 삶을 감사하는 딸이 자랑스러워요. 아들은 친할머니 댁에서 지내고 있습니다. 사춘기를 겪고 있는 듯하지만 아들도 엄마가 자신을 사랑한다는 것을 잊지 않는다면 언젠가는 저에게 돌아올 것이라고 생각해요. 아들이 돌아왔을 때 저 자신이 에너지가 있고 바로 서 있어야 아들에게 사랑을 나눠줄 수 있을 것이라고 생각해서 운동도 열심히 하는 등 하루하루 즐겁게 살아가고 있어요.

Q. 혼자 아이를 키우면서 제일 힘든 점은 무엇인가요?

한 부모 가정에 대한 세상의 편견이 제일 힘들어요.

Q. 가정폭력 피해자로 경찰에 갔을 때 오히려 가해자처럼 취조받았다고 했는데 가정폭력 피해자를 대하는 사람들의 자세가 어떻게 변했으면 좋겠나요?

가정폭력 피해자를 우선적으로 보호해줄 수 있는 사회, 기본적으로 약자를 돕는 사회로 변했으면 좋겠어요.

Q. 앞으로의 꿈과 계획은 무엇인가요?

저는 쉼터에서 무조건적인 도움을 받았어요. 정서적인 지지와 경제적인 도움이 어려움에 처한 사람에게 얼마나 큰 도움이 되는지를 알았습니다. 최근에 사업을 시작하기 위해 법인을 만들었어요. 성공한 여성 사업인이 되어 세상의 힘들고 불평등한 삶을 살아가는 사람들에게 손을 내미는 사람이 되는 것이 제 꿈이에요. 여성의전화를 통해 제 삶이 바뀌었습니다. 감사합니다.

아름다운
생존자

해 나

먹구름은 한순간에 몰려왔다

2002년 월드컵은 우리나라 국민에게 잊히지 않은 기억일 것이다. 그러나 나에게 2002년은 다른 의미로 머릿속에 새겨져 지워지지 않는다. 그 무렵 큰아이는 아장아장 걸음마를 뗐고, 배속의 아이도 발길질을 시작했다. 응원의 뜨거운 열기가 전국을 달구던 어느 날, 남편은 회사에서 표가 생겼다며 축구 경기를 보러 간다고 했다. 나는 남편을 경기장에 데려다주고 경기장과 10분 거리에 있는 친정으로 갔다. 경기가 끝나자 남편에게 연락이 왔다. 다 같이 식사하기 위해 친정엄마와 아이를 자동차에 태우고는 경기장으로 갔다. 남편은 차에 타자마자 대뜸 욕설을 하기 시작했다. "야 이년아, 왜 전화를 안 받고 지랄이야?"

내가 기저귀가방을 트렁크에 넣으면서 무심코 휴대전화도 같이 넣어버린 것이었다. 전화를 받지 않았다고 화가 난 남편은 친정엄마가 뒷자리에 있는데도 아랑곳하지 않고 욕설을 퍼부었다. 그전에도 기분이 틀어지면 늘 나에게 욕설과 폭언을 하던 남편이었다. 장모를 보고도 인사는커녕 나에게 다짜고짜 욕부터 하는 남편을 보고 심기가 불편해진 엄마가 참다못해 한 소리 하셨다. "아무리 화가 나도 어른이 같이 타고 있는데 욕을 하는가, 이 사람아!" 저녁은 다음에 먹자며 엄마는 차에서 내리셨다. 남편은 반성은커녕 '아무것도 아닌 일에 나잇살이나 먹은 장모가 차에서 내리냐'며 화를 냈다.

남편은 배가 고프다며 식당을 찾았고 그 와중에도 계속 욕을 했다. 싸움을 피하고 싶어 앞만 보며 운전하던 나는 결국 참을 수 없어 차를 세웠다. "왜 그래요? 내가 뭘 그렇게 잘못했다고 엄마에게까지 욕을 하는 거예요?" "이년아, 네가 뭐 잘한 게 있다고 따지냐?" 그 순간 눈앞이 번쩍 했다. 남편이 내 뺨을 때린 것이었다. 아무 생각이 나지 않았다. 무작정 차에서 내렸다. 남편은 그런 나를 두고 차를 몰고 가버렸다. 택시를 잡아타고 곧장 친정으로 갔다. 눈물이 마냥 흘러나왔다. 남편에 대한 원망과 아이들 생각에 눈물로 몇 날을 보냈다. 남편은 며칠이 지나서야 찾아왔다. 입으로는 잘못했다고 사과를 하지만 전혀 미안해하는 것 같지 않았다. 시부모님 강요 때문에 어쩔 수 없이 온 모양새였다.

그 일은 전혀 사소하지 않습니다

폭력의 구실은 사소한 것이었다

돌아가고 싶지 않았다. 그러나 한 번은 실수라며, 아이를 봐서 살아야 하지 않겠냐는 친정엄마의 권유와 시댁 어른들의 중재에 집으로 들어갈 수밖에 없었다. 그리고 집으로 들어간 순간 날 맞이한 것은 남편의 폭언과 욕설이었다. 남편은 벼르고 벼른 듯 나에게 심하게 화를 냈다. 그러고는 힘으로 내 몸을 덮쳤다. 임신 중이라며 싫다고 거부하고 몸부림치는 나를 힘으로 누르고 강제로 성관계를 했다. 아프다고 울면서 사정도 했지만 통하지 않았다. 오히려 더 심한 욕설을 퍼붓고 학대했다. "네가 아무리 친정으로 가고 시댁에 알린다고 내가 다시 안 할 줄 아냐?" 자신의 잘못을 친정과 시댁에 알린 복수였다. 집으로 돌아온 것은 잘못된 결정이었다. 그러나 다시 집을 나갈 용기를 내지 못했다.

처음 시작한 뺨 한 대는 곧 두 대가 되었다. 남편은 때려도 상처가 보이지 않는 머리, 옷으로 가릴 수 있는 팔·다리에 폭력을 가했다. 폭력으로 인한 내 몸의 상처는 점점 심해졌다. 폭력의 구실은 정말 사소했다. '전화를 받지 않았다' '집에 없다' '주식이 떨어졌다' '상차림이 마음에 안 든다' '아이들이 어떻다' 등의 이유를 들었다. 심지어 아무 이유 없이 폭력을 행사할 때도 있었다. 폭력 앞에 나는 아무런 대책이 없었다. 늘 남편의 눈치만 살폈다. 언제 바뀔지 모르는 남편의 기분을 맞추려고 노력했다. 남편이 어쩌다 기분이 좋아 보일 때 기회를 봐서 사정도 해보았고 울면서 부탁도 해보았다. 그러나 그때뿐이었다.

아이들이 말귀를 알아들을 때부터는 아이들 보는 앞에서도 나에게 욕을 하며 때리기 시작했다. '네 엄마는 등신이라 맞아야 알아듣는다' '씨발년' '개 같은 년' '등신 같은 년' 등 '년'자가 들어가는 욕이란 욕은 다 하는 것 같았다. 나는 듣지 않으려 노력했다. 남편이 하는 말을 모두 다 듣다가는 미쳐버릴 것 같았다. 그렇게 남편은 나의 몸과 마음을 잔인하게 학대했다. 시간이 지나면 지날수록 나의 영혼은 죽어가고 있었다. 자꾸만 시커먼 늪과 같은 구렁텅이로 걸어들어가는 것 같았다. 그 속에서 허우적거리는 나는 숨을 쉬는 것도 힘들었다. 눈을 감아도 잠을 잘 수 없었다. 죽고 싶다는 생각만 머릿속에 가득 찼다.

그러던 어느 날, 길을 걷다 나도 모르게 발길이 약국으로 향했다. 잠을 잘 수 없다고 하니 수면유도제를 주었다. 다시 걷다가 다른 약국에 들어갔다. 그렇게 걷고 걸으며 약을 사다보니 어느새 내 손에 들린 약은 한 보따리가 되었다. 집에 돌아와서 약을 아무도 모르게 집 구석에 깊이 숨겼다. 계속 잠을 못 자던 나는 사온 약 두 알을 먹고서야 잠들 수 있었다.

그 일은 전혀 사소하지 않습니다

나에겐 살아야 할 이유가 있었다

결혼 전 내 일상은 직장, 집, 교회를 중심으로 반복되었다. 단조로운 생활 반경 때문인지 연애 한 번 제대로 해보지 못했고 결혼에 대한 생각도 별로 없었다. 스물일곱 살이 되자 직장에서는 여자 나이가 '스물세 살은 금값, 스물네 살은 은값, 스물다섯 살은 똥값'이라는 농담으로 나의 결혼을 재촉했고, 나도 결혼을 서두르게 되었다. 주위 소개로 몇 십 번의 맞선 경험이 있다는 남자와 만나게 되었다. 그는 나보다 나이가 네 살 많았다. 괜찮아 보였다. 누구나 원하는 대기업에 다니고 있었고 종교가 중요했던 나에게 가족, 친척 모두 기독교인이라는 점도 마음에 들었다.

무엇보다도 그 사람의 가정이 화목해 보여 좋았다. 네 명의 형제자매는 우애가 좋았다. 나는 어린 시절 아버지를 일찍 여의고 홀어머니와 단둘이 살았다. 어머니는 열심히 일하시는 분이었다. 어머니는 일하느라 바쁘셨고, 형제자매가 없는 난 언제나 외로웠다. 그래서 그 사람의 가정이 부럽고 좋아 보였다. 서너 번의 만남 뒤 그 사람과 결혼하기로 결정했다. 둘 다 가진 게 별로 없어서 2,500만 원짜리 전세방을 얻어 결혼생활을 시작했다. 그래도 싫지 않았다. 남편은 다정다감한 성격은 아니었지만 열심히 일하는 사람이었다. 알뜰하게 모으고 열심히 살면 별로 힘든 일도 없을 거라 생각했다. 모든 사람들이 그렇듯 나도 행복하고 평범한 결혼생활을 꿈꿨다. 그러나 얼마 지나지 않아 내

기대는 조금씩 어긋나기 시작했다.

　결혼하고 바로 임신을 했다. 설레고 행복했다. 남편도 나와 다르지 않을 것이라 생각했다. 그러나 남편의 반응은 예상과 달랐다. 누구나 다 하는 일이라며 당연하게 여겼다. 지독한 입덧으로 아무것도 먹지 못하는 나에게 남편은 따뜻한 위로의 말 한마디 건네는 법이 없었다. 도리어 내가 입덧으로 음식을 할 수 없게 되자 본인이 밥을 제대로 먹지 못한다며 불평했다. 서운했다. 사람들은 임신했을 때 가장 사랑받는다고들 하는데 그런 기분을 느껴보지 못했다. 산소 호흡기를 걸고 13시간의 진통 끝에 어렵게 첫딸을 내 품에 안았다. 작고 작은 내 딸. 감격스러웠다. 남편은 담담했다. 오히려 아들이 아니라며 서운해했다. 나에게 너무 소중하고 사랑스러운 딸이 남편에게는 '쓸모없는 딸'이었다. 축하받고, 축복받는다는 임신과 출산의 경험은 나에게 그렇게 슬픈 기억이 되었다.

　결혼한 지 7년 만에 드디어 집을 장만했다. 알뜰살뜰 정말 열심히 모았다. 대출이 조금 있긴 했지만 내 집이 생긴 것이었다. 34평 새 아파트로 들어가는 날, 그렇게 뿌듯하고 기쁠 수가 없었다. 그러나 그 기쁨은 오래가지 못했다. 시아버지의 권유로 시작한 주식이 사달이 난 것이었다. 처음에는 약간의 종잣돈으로 시작했지만, 돈을 조금씩 벌자 남편은 슬슬 욕심을 내기 시작했다. 집을 담보로 5,000만 원이라는 거금을 대출받아 주식에 몽땅 투자했다. 나는 불안했지만 지켜보는 수밖에 없었다.

　　　　　　　그 일은 전혀 사소하지 않습니다

투자금은 조금씩 손해가 나더니 얼마 후 원금의 3분의 1도 남지 않게 되었다. 남편은 돈을 조금 넣어서 그렇다며 또다시 대출을 받아 주식에 투자했다. 대출금은 1억 5,000만 원으로 불어났다. 그러나 나는 돈을 잃은 남편이 더 힘들 것이라고 생각해서 묵묵히 지켜보기만 했다. 곧 투자한 돈은 반토막이 났다. 이자는 눈덩이처럼 불어났고 남편은 점점 망가져갔다.

그런 남편을 더 이상 볼 수 없어 주식을 그만두자고 정말 힘들게 이야기했다. 손해 본 것은 잊고, 둘이 벌면 금방 갚을 수 있지 않겠냐고 사정했지만 남편은 요지부동이었다. 억울해서 그만둘 수 없다는 말만 할 뿐이었다. 오히려 돈이 더 필요하다고, 돈을 빌려오라고 했다. 도박에 중독되어 빠져나오지 못하는 사람처럼 남편의 모습이 꼭 그랬다. 남편의 감정 기복은 더 심해졌고 역시 모든 화풀이의 대상은 나였다. 폭력은 더 자주 일어났다. 집 안은 살얼음판을 걷는 분위기의 연속이었다. 어느 날 퇴근하고 들어온 남편은 굳은 표정으로 곧바로 컴퓨터가 있는 방에 들어갔다. 불안한 마음에 나는 안절부절못했다. 나를 부르는 소리가 들렸다. 컴퓨터 방으로 들어가자마자 남편의 손찌검이 시작됐다.

"집에 처박혀 있지 어디 갔었어? 주식을 팔았어야 했는데 네가 집에 없어서 못 팔아 손해를 봤잖아!" 또 모든 것이 내 잘못이었다. 남편은 주먹으로 내 몸을 가격했다. 배를 맞은 나는 숨을 쉴 수 없어 주저앉았다. "나 같으면 이렇게 맞고 이런 말

을 들어가면서까지 살지 않겠다." "베란다 밖으로 뛰어내리든
지 아니면 자동차를 타고 나가서 사고를 내고 죽든지 할 거야."
"그러니까 넌 등신이다." 한참을 욕을 하고 구타를 하던 남편은
내가 사온 술과 고기를 입에 넣으며 나를 조롱하기 시작했다.
죽을 힘을 다해 참고 있는 나를 바보 취급하고 죽으라는 말을
서슴없이 하는 것이었다. 모욕감에 몸이 바들바들 떨렸다.

 '내가 왜 이렇게 참고 있는 거지?' 억울했다. 그냥 베란다
창문을 열고 뛰어내리고 싶었다. 그 순간 아이들과 친정엄마의
얼굴이 눈앞에 보였다. 이를 꽉 물었다. 떨리는 몸으로 두 손을
꽉 붙들고 앉았다. 고개를 들어 남편을 보았다. 아무렇지도 않
게 술을 마시는 남편의 얼굴이 보였다. 두려움과 절망감에 몸서
리쳤다. 나는 알고 있었다. 이 상황 뒤에 따라올 더 끔찍하고 수
치스러운 시간을 어떻게든 버텨야 한다는 것을. 어떤 사람들은
술에 취해서 폭력을 휘두른다지만 남편은 멀쩡한 상태에서 나
를 학대했다. 한바탕 퍼붓고 나면 늘 술과 고기를 찾았다. 그러
면 난 맞아서 아픈 몸을 이끌고 가게로 가야 했다. 상처가 몸의
보이는 곳에 생기는 날에는 정말 집 밖에 나가기가 싫었다. 그
러나 술과 고기를 사와야 했다.

 술과 고기를 먹은 남편은 항상 짜여진 스토리처럼 강제적
으로 성관계를 요구했다. 언제 닥칠지 모르는 남편의 갑작스런
감정 변화, 욕설, 폭언, 구타보다도 이때 시작되는 성적인 폭력
이 더 무서웠다. 너무나 감당하기 힘들었다. 얼굴과 몸 그리고

그 일은 전혀 사소하지 않습니다

마음까지도 시퍼렇고 붉게 멍이 든 나에게, 금방이라도 죽을 것 같이 힘든 고통을 참고 있는 나에게, 남편은 비디오나 인터넷 동영상에서 나오는 장면을 재연하게 했다. 토할 것 같은 상황까지 나를 몰며 성관계를 강요했다. 거부할 수 없었다. 무서웠다. 혹시라도 아이들이 이 상황을 보게 될까봐 두려웠다. 울면서 매달려보기도 했지만 소용없었다. 그 상황이 빨리 끝나기만을 바랄 뿐이었다. 그러나 남편은 언제나 시간을 질질 끌었다. 날이 밝아올 때쯤에야 그 끔찍한 시간은 끝이 났다. 그렇게 끝내는 것도 나를 위해 자비를 베푼다는 듯이 했다.

그런 밤들은 하루 이틀로 끝나지 않았다. 난 인형 같았다. 시키면 무조건 하는 생명 없는 로봇이었다. 며칠을 그렇게 보내면 나는 잠을 잘 수가 없었다. 밤을 지새우기 일쑤였다. 하지만 출근하는 남편의 아침밥을 챙겨주기 위해 힘든 몸을 일으켜 세워야 했다. 아이들도 학교로 보내고 나면 나는 무기력하게 하루 종일 침대와 소파에 누워 일어나지 못했다.

이런 상황이 계속 반복되던 어느 날, 남편이 잠들고 거실 바닥에 우두커니 주저앉아 동이 트는 것을 바라보았다. 내 마음속에는 피눈물이 흐르는데 정작 눈에서는 눈물 한 방울 흐르지 않았다. 내가 왜 이렇게까지 살아야 하는지 알 수 없었다. 그래도 살고 싶어서 이유를 찾으려고 했지만, 아무것도 생각나지 않았다. 언젠가 구석에 숨겨놓았던 약이 떠올랐다. 찾아서 꺼내 놓고, 약봉지를 전부 까기 시작했다. 죽기 위해 내가 할 수 있는 가장 쉬운 방법이었다.

　마지막으로 아이들의 얼굴을 봐야 할 것 같았다. 아이들 방에 들어갔다 나와 약을 한 손 가득 움켜쥐었다. 물을 따라놓고 앉았다. '내가 죽으면 다 끝날 거고, 그러면 난 편안해지겠지.' '남편이 후회는 할까?' '나를 위해 울어줄 사람은 있을까?' 순간 두 딸과 엄마의 얼굴이 떠올랐다. 가슴이 미어질 것 같았다. '내가 왜? 뭣 때문에 죽어야 하지?' 죽고 싶지 않았다. 사랑하는 그들을 두고 나는 죽을 수 없었다. 나에겐 살아야 할 이유가 있었다. 약을 다시 봉지에 넣었다. 그리고 서랍 구석으로 밀어 넣었다.

　그렇게 결혼생활을 한 지 12년이 되었다. 나아질 것이라는 희망은 사라진 지 오래였다. 점점 심해지는 남편의 폭력에 긴장과 두려움으로 시간을 보냈다. 죽고 싶은 마음을 몇 번이고 다잡았다. 상처에 약을 바르고 숨을 죽이면, 그렇게 1, 2주만 버티면 또 얼마간은 조용히 지낼 수 있었다.

　다행히 아이들은 잘 커주었다. 겉으로 보기에는 완벽한 삶이었다. 돈 잘 버는 남편에, 똑똑하고 예쁜 두 딸, 그리고 좋은 시댁 식구들. 나는 교회에서 신앙생활을 열심히 하는 교사였고, 성가대와 방송실에서 최선을 다하는 신자였다. 부족한 것은 아무것도 없어 보이는 누구나 부러워하는 모습이었다. 그러나 그 이면에 숨겨진, 내가 견뎌낸 시간은 정말 누구도 상상하지 못할 것이다.

　　　　　　　　　　그 일은 전혀 사소하지 않습니다

시댁에나 친정에 알리려고도 했다. 그러나 폭력도 폭력이지만 성적인 부분까지 드러낼 수는 없었다. 창피함과 부끄러움에 차마 입이 떨어지지 않았다. 매달릴 곳은 하나님과 아이들뿐이었다. 울면서 기도했다. 왜 내가 이런 상황을 겪어야 하는지 원망도 했다. 하나님의 응답은 없었다. 그래도 난 아이들을 위해 힘든 발걸음을 떼야 했다. 내 아이들을 나처럼 아빠 없이 키우고 싶지 않았다. 나만 참으면 가정을 지킬 수 있었다. 아이들 앞에서는 아무 일 없는 듯 행동했다. 그러나 아픈 모습의 엄마를 보여줄 수밖에 없을 때는 미안하고 부끄러웠다.

어느 날 거울 속의 나를 보았다. 눈은 초점 없이 흐리멍텅했고, 얼굴빛은 거무죽죽해서 생기라고는 없었다. 상처의 흔적이 마음과 몸에 새겨져 사라지지 않았다. 흐르던 눈물은 이미 말라버렸다. 머리와 심장은 돌덩이처럼 굳어버렸다. 산송장이 되어버린 것 같았다. 내가 참 보기 싫었다. 이런 모습으로 다른 사람들 앞에 나설 수는 없었다. 주위 사람들에게 걱정을 끼쳐서는 안 된다고 생각했다. 나를 세뇌시켜야 했다. '나는 괜찮아.' '상처들은 별것 아니야, 곧 사라질 거고 아무도 모를 거야.' 이렇게 이야기하면 정말 아무것도 아닌 것처럼 느껴졌다. 나는 그렇게 가면을 썼다. 상처를 가리기 위해 화장을 하고, 교회 일을 더 열심히 했으며, 더 웃고 떠들었다. 견뎌냄의 시간은 흘러 어느덧 나의 30대가 끝나가고 있었다. 그리고 나는 내 인생의 전환점을 맞이하고 있었다.

나는 집에서 벗어나기로 했다

4월의 어느 일요일 오후, 또 사건이 일어났다. 남편의 식사 때문에 교회에서 집으로 허겁지겁 달려왔다. 밥상을 차려 들고 갔는데 남편이 밥상을 엎었다. 그리고 또 폭언과 구타가 시작됐다. 무자비한 폭력 앞에서 팔로 얼굴을 가리는 것이 내가 할 수 있는 전부였다. 맞다가 주저앉으니 남편은 발로 차기 시작했다. 그러고는 또다시 강제적인 성관계, 아니 성폭력이 이어졌다. 그렇게 남편은 자신의 아내이자 아이들의 엄마인 나를 물건처럼 취급했다. 다음날 교회 선생님과 약속이 있었다. 나가고 싶지 않았지만 취소할 수 없었다. 약속을 핑계로 남편의 폭력에서 도망치고 싶었는지도 모른다. 그러나 남편은 나가려고 하는 나를 붙잡고 가방을 빼앗았다. 그리고 몸부림치는 나를 바닥에 눕히더니 "나가면 죽인다"며 목을 졸랐다.

　내가 오지 않자 집으로 찾아온 교회 교사를 남편은 소리를 지르며 내쫓았다. 그 교사는 손위 동서와 친분이 있었는데 교사가 연락을 했는지 손위 동서가 집으로 찾아왔다. 남편은 동서가 보는 앞에서도 내 뺨을 때렸다. 동서는 남편에게 때리는 것은 안 된다고 말하면서도 나에게는 "조금만 더 잘하라"고, "여자가 조금만 더 신경 쓰고 잘하면 괜찮을 거다"라는 말만 남기고 돌아갔다. 손위 동서가 돌아가자 남편은 더욱 의기양양해졌다. 남편이 잘못한 것은 없었다. 남편은 나에게 사과하는 법이 없었

　그 일은 전혀 사소하지 않습니다

다. 그 비슷한 말도 들어본 적이 없었다. 무엇이 그리 당당한지 언제나 잘못한 죄인은 나였다.

대수술을 한 친정엄마의 간병과 교회에서 1년에 한 번 있는 여름성경학교 준비로 바빴던 어느 날이었다. 집에 돌아오니 남편은 아이들의 무릎을 꿇려놓고 벌을 주고 있었다. 교회를 다녀오고 나서 인사를 안 했다는 이유였다. "인사를 잘 안 하는 너희는 개새끼보다 못하다"며 남편은 큰아이에게 안경을 벗으라고 말했다. 아이는 불안해하며 머뭇거렸다. 안 벗으면 더 맞는다는 협박에 큰아이가 안경을 벗었고, 남편은 아이의 머리와 뺨을 몇 차례 때렸다. 아이는 울면서 잘못했다고 빌었지만 소용없었다. 작은딸은 언니가 맞는 것을 보자 겁을 먹고 잘못했다고 빌었다. 그러나 남편은 그 큰 손으로 작은아이의 얼굴도 때리기 시작했다. 곧 화살은 나에게로 날아왔다. "네가 아이들을 못 가르쳐서 그렇잖아." 무자비한 폭력 앞에 내 정신은 어디론가 사라져버린 것 같았다. 그러다 '뚝' 하는 소리와 함께 코피가 펑펑 쏟아지기 시작했다. "아빠, 하지 마세요." 둘째아이의 작은 목소리에 남편이 움찔했다. 처음 있는 일이었다.

나는 얼른 코를 막고 싱크대로 가서 피를 닦기 시작했다. 거실 바닥에 고인 피 웅덩이에 아이들이 놀랄까봐 아픈 것도 참고 바닥을 열심히 닦고 또 닦았다. 나를 보며 눈물 흘리는 아이들의 얼굴이 얼핏 보였다. 그러나 나는 아이들의 얼굴을 차마 제대로 볼 수 없었다. 남편은 아이들 때문에 봐준다며 으름장을 놓고는 안방에 아이들을 다시 앉혔다. "'나는 개새끼다'라고 열 번 외쳐라." 아이들이 머뭇거리자 남편은 또다시 소리를 지르며 때리려고 했다. 아이들이 외치기 시작했다. "나는 개새끼다." "나는 개새끼다." 그 소리를 듣자 머리가 하얘지고서 눈앞이 캄캄해졌다. 남편은 아이들에게 또다시 말했다. "'엄마는 나쁜 년이다'를 열 번 외쳐라." 그 순간 내가 참아낸 모든 시간들이 무너져 내리는 것 같았다. 남편이라는 사람이, 아이들에게 엄마를 욕하게 하다니…… 남편을 죽이고 싶었다. 나는 그동안 실낱같은 희망이라도 붙잡고 싶었다. 그러나 내가 견뎌낸 그 시간들은 허무하게 무너졌다. 가슴이 아파 몸을 주체할 수 없었다.

겨우 코에서 피가 멈췄다. 얼굴은 퉁퉁 부었다. 멎어버린 듯한 심장을 움켜쥐고 아이들을 먼저 살폈다. 둘째아이의 눈에 멍이 든 것이 보였다. 눈물이 왈칵 쏟아졌다. 목이 메어 제대로 나오지 않는 목소리로 아이에게 물었다. "아파서 어떡하니?" 아이가 살포시 웃으며 말했다. "하나도 안 아파. 난 괜찮아." 얼굴은 빨갛고 눈에는 시퍼런 멍이 들었는데도 아이는 아프지 않다고 했다. 눈물이 그렁그렁한 눈으로 괜찮다고 말하는 딸을 보며 내 가슴은 갈기갈기 찢어지듯 아팠다. 지켜주지 못한 미안한 마음에 입이 떨어지지 않았다. 그냥 안아주는 것밖에는 내가 할 수 있는 것이 없었다. 흐르는 눈물을 멈출 수가 없었다.

"엄마, 잠이 안 와. 잠들 때까지 옆에 있어." 잠들지 못하는 아이의 옆에서 지키고 앉아 다독였다. 그러나 잠시나마 찾아온

그 일은 전혀 사소하지 않습니다

고요함은 곧 깨졌다. "야 이년아, 왜 안 와?" "개긴다고 그냥 지나갈 줄 알아?" 남편이 나를 부르기 시작했다. 아이들 방 앞에까지 와서 욕을 하고는 방으로 돌아갔다. 나는 작은아이를 다독였다. "딸내미, 잠 좀 들어봐. 엄마가 좀 있다가 옆에 와서 같이 잘게." 더 시끄러워지기 전에 남편에게 가야 했다. 아이들의 방문을 살짝 닫고 도살장에 끌려가는 가축처럼 무거운 발걸음을 끌며 안방으로 향했다. 남편은 벌거벗은 몸으로 침대에 누워 있었다. 얼굴엔 비웃음이 가득했다. 어디에서 본 것인지 모를 것들을 나에게 요구했다. "다른 여자들은 잘한다는데 너는 왜 못하냐? 네가 못하겠거든 스와핑 해보게 친구라도 데려와봐."

남편은 사람이 아니었다. 사람이라면 이렇게 할 수는 없을 것 같다. 얼굴과 온몸에 멍이 들어 있고, 코는 부러졌는지 퉁퉁 부어 있는 나를 보면서 섹스를 하고 싶을까? 남편이 짐승 같아 보였다. 늦은 밤부터 시작된 성적인 폭력과 학대는 밝아오는 새벽이 되어서야 끝났다. 나는 잠든 남편의 눈치를 보며 살그머니 옷을 입고 방을 나섰다. 아이들 방으로 가서 침대 옆에 우두커니 앉았다. 잠든 아이들 얼굴을 보고 눈물만 훔쳤다.

그렇게 한두 시간이 흘렀나보다. 아이들이 잠에서 깼다. "엄마, 학교에 가고 싶지 않아. 학교 가서 뭐라고 그래?" 작은딸이 자기 얼굴의 멍을 보며 말했다. 차마 아이에게 학교를 가라고 강요할 수 없었다. "그래, 그럼 오늘은 학교에 가지 말고 엄마랑 집에서 하루 쉬자." 야간 근무주였던 남편의 식사를 챙겨주고 나는 작은딸과 아이방 침대에서 꼭 안고 누워 있었다. 내가 할 수 있는 것은 그것뿐이었다. 맞은 얼굴과 코가 아파왔지만 남편에게 병원에 가야겠다는 말을 할 수 없었다.

"엄마, 갑자기 교회에 일이 생겨서 병원에 못 갈 것 같아요." 입원 중인 친정엄마가 계신 병원에도 가야 했지만 이 얼굴을 보여드릴 순 없었다. 하루가 지나고 이틀이 지났다. 3일째 되던 날 나는 도저히 아픔을 견딜 수 없어서 남편이 밤에 출근하고 난 뒤 응급실이 있는 병원을 찾아갔다. 다쳤다고 둘러대고 엑스레이와 CT를 찍었다. 코뼈가 부러져서 그대로 두면 휠 수도 있으니 수술을 해야 할지 모른다고 했다. 하지만 주사를 맞고 약만 받아 집으로 돌아왔다. 집으로 향하는데 모든 게 막막해졌다.

그날 밤 교회 전도사님과 선생님에게 연락이 왔다. 몇 달 전 남편에게 쫓겨난 교회 선생님이 교회에서 내가 보이지 않자 걱정이 되어 전도사님과 같이 찾아온 것이었다. 보이고 싶지 않은 얼굴로 집 앞 공원에서 만났다. 차마 떨어지지 않는 입으로 사정을 이야기했다. 그들은 나보다 더 아파하며 '도와주겠다'고 말했다. 그 한마디에 나는 지금까지 하지 못했던 이야기들을 눈물과 함께 토해놓았다. 지난 12년을 다 말할 수는 없었지만 도와달라고, 어떻게 해야 되는지 알려달라고 속으로 외치고 또 외치며 이야기하기 시작했다.

그러다 병원에 계신 엄마가 생각났다. 또 아이들이 걸렸다.

그 일은 전혀 사소하지 않습니다

주저하는 마음이 생겼다. 그렇게 그날 밤을 뜬눈으로 새웠다. 집 안에 스스로를 가두고 고립시킨 채 나는 생각하고 또 생각했다. '이번만, 이번 한 번만 더 견뎌보자. 이번만 견디면 괜찮을 거야.' '아이들에게 아빠가 있는 정상적인 가정을 주어야 하잖아?' 그러나 시간이 흐를수록 정말 죽고 싶다는 생각이 내 머릿속을 떠나지 않았다.

다시 밤이 왔다. 며칠 만에 병원으로 엄마를 찾아갔다. 병실에는 들어가지도 못하고 1층에 있는 컴컴한 로비에서 엄마를 만났다. 엄마는 내 얼굴을 보고는 아무 말도 하지 못한 채 눈물만 흘리셨다. 엄마에게 며칠 전 상황만 간단히 말씀드렸다. "엄마, 도저히 살 수가 없어요. 이렇게 살다가는 내가 죽을 것 같아요. 남편과는 이렇게 더 살고 싶지 않아요." 울음을 터트리며 말하는 나를 보면서 엄마도 울기만 하셨다. "나 때문에 네가 이렇게 된 것 같다." 서로 울면서 손을 꼭 잡고 있는 것 외에는 아무것도 필요 없었다.

나는 집으로 와 늦은 시간인데도 교회 전도사님께 전화를 걸었다. 전도사님은 병원에 가서 진단서를 끊어놓는 것이 좋겠다고 하셨다. 다음날 용기를 내 남편에게 병원에 다녀오겠다고 말했다. 병원에서 코뼈 골절로 인한 4주 진단서를 끊어 집에 왔다. 자신의 폭력으로 처음 병원에 간 것이니 남편이 나를 걱정하지 않을까 하는 마음도 있었다. 그러나 코뼈가 부러졌다는 이야기에도 남편은 아무런 반응이 없었다.

"내가 우리 아버지에게 맞은 것에 비하면 별거 아니네 뭐."
"내가 아버지에게 제일 많이 맞았다. 그래도 괜찮더라." 나는 결혼하고 난 후 시어머니가 시아버지의 폭력에 시달렸다는 것을 알고 있었다. 그러나 시어머니뿐만 아니라 남편도 많이 맞았다는 것은 그제야 알게 되었다. 외향적으로도 시아버지를 많이 닮은 남편은 폭력을 쓰는 것도 시아버지를 닮았다. 보고 배운 폭력은 너무나 무서운 것이었다. 내가 아파하는 것을 아무렇지도 않게 여기는 남편을 보며 '남편이 변하는 것은 정말 힘들겠구나' 하는 생각이 들었다. 가슴에 구멍이 뻥 뚫린 것 같았다. 한편으로 눈앞에 있는 현실이 나를 무겁게 짓눌렀다.

'아이들은 어떡하지?' '가진 돈도 없는데?' '갑자기 교회에 나가지 않으면 사람들이 어떻게 생각할까?' '아파서 병원에 계신 엄마는?' 아무리 고민을 해봐도 희망이 없었다. 내가 가야 할 길이 보이지 않았다. 그러나 나는 결심했다. 전도사님께 연락을 드려 도저히 집에 있을 수 없으니 갈 곳을 알아봐달라고 부탁드렸다. 아이들과 같이 나가려 했지만 가진 돈이 없었다. 마음이 찢어지는 것 같았지만 눈물을 머금고 두 딸을 시댁에 맡겨두기로 마음먹었다. 시부모님과 남편, 두 아이에게 편지를 썼다. 집에서 먼 곳으로 가고 싶다는 나에게 전도사님은 나를 보호해줄 '쉼터'를 알아봐주신다고 했다. 거기가 어떤 곳인지 들어본 적도 없었지만 알겠다고 했다.

그리고 한 주가 지난 토요일, 드디어 나는 집 밖으로 무거

그 일은 전혀 사소하지 않습니다

운 발걸음을 뗐다. 아이들을 시댁에 맡기고 대문을 나오는데 차마 발이 떨어지지 않았다. 아이들의 얼굴이 자꾸 나를 붙잡았다. 친정엄마에게는 걱정 말라는 문자를 남기고 전도사님이 알려주신 서울 여성의전화 전화번호와 간단한 약도만 들고 집을 나왔다.

나는 쉼터로 향했다

밤 11시, 늦은 시간이라 고속버스터미널에는 사람도 별로 없었다. 버스를 기다리는 20여 분이 너무나 길게 느껴졌다. 금방이라도 남편이 쫓아올 것 같았다. 아이들의 목소리가 귓가에 맴돌았다. 덜덜 떨리는 두 손을 붙잡고 있는데 손에 땀이 흥건하게 고였다. 시계를 몇 번이고 들여다본 뒤에야 버스가 왔다. 버스에 오르는 두 다리가 후들거렸다. 의자에 앉아서도 다리는 계속 떨렸다. 버스가 출발하는 순간, 가슴이 터질 것만 같았다. 꼭 죄를 짓고 도망가는 사람 같았다. 내가 떠나면 아이들이 더 힘든 상황에 놓일까봐 두렵고 불안했다. 내 머릿속에서는 병상에 누워 계신 엄마와 아이들 생각이 떠나질 않았다.

　밤길을 달린 버스는 이른 새벽 서울에 도착했다. 버스에서 내려 서울 하늘을 올려다봤다. 별 하나도 보이지 않았다. 갑자기 눈물이 핑 돌았다. 택시를 타고 여성의전화를 찾아갔다. 반

가이 맞아주시는 분들을 보면서도 나는 떨리고 두려운 마음을 진정시킬 수 없었다. 일요일이라 하루를 긴급피난처에서 보내고, 다음날 쉼터로 향했다. 두렵고 떨렸다. 그렇게 쉼터에서의 긴 생활이 시작되었다.

쉼터에 들어서자 정말 내가 집에서 나왔다는 것을 실감하기 시작했다. 옆에 남편도 엄마도 아이들도 없었다. 나 혼자였다. 쉼터에서의 첫날, 방을 안내받고 짐을 풀고는 멍한 상태로 우두커니 있었다. 밤에 혼자 방에 있으려니 아이들 생각이 많이 났다. '자기들을 놔두고 나간 엄마를 원망하지 않을까? 미워하지 않을까?' '갑자기 엄마가 없어졌으니 아이들이 얼마나 힘들까?' 그런 생각만으로도 가슴에 끔찍한 통증이 느껴졌다. 나 자신이 너무 힘들어 아이들에게 항상 웃어주지도 못하고 아픈 모습을 많이 보여준 것이 너무나 미안하고 미안했다. 내 두 딸들, 어디 가나 예쁘고 똑똑하다고 칭찬만 듣는 아이들이었다. 아이들에게 더 많이 사랑한다고 표현하지 못하고 더 많이 안아주지 못한 것이 미안했다. 전해줄 수만 있다면, 누가 나의 마음을 아이들에게 전해줄 수만 있다면 얼마나 좋을까?

쉼터에는 여러 사람들이 모여 있었다. 가정폭력을 겪는 사람은 나뿐만이 아니었다. 이렇게 많은 사람이 있다는 것에 놀랐다. 드러나지 않았을 뿐이지 많은 가정에 폭력이 난무하고 있었다. 폭력은 TV에 어쩌다 한번 나오는 상황이 아니었다. 쉼터에서 생활하면서 나는 여러 가지 프로그램을 접할 수 있었다. 상

그 일은 전혀 사소하지 않습니다

담을 통해 숨겨져 있던 내 상처들을 드러내고 치유할 수 있었다. 몸을 쉬게 하고 마음을 치유하는 시간이었다. 병원에 다니며 부러진 코도 치료받았다. 그렇게 바쁜 일정 속에 낮에는 잠시나마 걱정과 불안함을 떨칠 수 있었다. 그러나 잠 못 이루는 밤은 계속되었다.

하루하루가 너무나 더디게 움직였다. 시계를 볼 때마다 아이들이 생각났다. 아이들이 학교를 마치고 항상 전화하는 시간이었다. 학원 간다고, 배고프다고, 맛있는 거 있냐고, 집으로 오고 있다고, 아이들은 늘 나에게 전화를 많이 했다. 아이들이 좋아하던 반찬이나 간식들을 챙겨놔야 할 것 같았다. 아이들의 재잘거리는 소리가 들리는 것 같았다. 그러다 옆에 없다는 것을 깨닫고 나면 공허함과 슬픔이 찾아왔다. 쉼터에는 아이들과 같이 온 엄마들도 많았다. 아이들 때문에 힘들어하는 모습을 보면서도 나는 그것마저 부러웠다. 아이들을 보면 내 딸들이 더 생각나 일부러 방에 들어가 나오지 않을 때도 있었다.

이혼, 내가 살 수 있는 유일한 방법

몸과 마음을 추스르며 한 달이라는 시간을 보냈다. 한 달 만에 친정엄마와 통화했다. 하나뿐인 딸 걱정에 엄마는 목이 메어 아무 말도 하지 못하셨다. 엄마는 내가 없었던 한 달 동안 겪은 여러 가지 일들을 이야기해주셨다. 다행히 아이들은 별 탈 없이 잘 지내고 있다고 했다. 그나마 위안이 되었다. 결혼생활 동안 친정엄마에게 전화 한번 하지 않던 남편이 매일같이 전화를 하고 찾아왔다고 했다.

내가 집을 나간 일주일 뒤부터 남편의 이야기는 이상한 곳으로 향하고 있었다. 남편은 시댁 식구들에게 내가 바람이 나서 집을 나갔다고 말했다. 내가 집안 살림도 제대로 안 하고 아이들 양육도 제대로 못하고 잠자리도 같이 안 해서 나를 때렸다며, 자신의 잘못은 없다고 했다. 그런 남편의 말만 듣고 손위 동서는 아이들을 두고 나간 것을 보면 바람난 것이 맞다며 교회에 가서도 나를 헐뜯고 다닌다는 것이었다. 억울한 마음에 전화기를 들고 있는 손이 바들바들 떨렸다. 울분을 주체하지 못해 온몸이 마비되는 것 같았다. 나는 남편이 잘못을 인정하고 뉘우치면 아이들 때문이라도 집으로 돌아가고 싶은 마음이었다. 남편에게 다시 한 번 기회를 주고 싶었다. 그런데 모든 것이 나의 잘못인 것처럼 되어가는 상황을 보면서 나는 할 말을 잃었다. 허탈한 마음에 휩싸였다.

쉼터에 계신 선생님들과 상담을 하며 집을 나온 지 두 달이 되어서야 이혼 소송을 하기로 결심했다. 이혼을 준비하는 것은 쉬운 일이 아니었다. 소송은 법률구조공단의 도움으로 진행했다. 서류를 준비하는 모든 과정이 난관이었다. 서류를 다 넣고 나면 금방 이혼을 할 수 있을 것 같았는데 더 많은 현실의

그 일은 전혀 사소하지 않습니다

벽과 싸워야 했다. 그건 나 자신과의 싸움이기도 했다.

서류를 접수하고 한 달이 지난 후에야 변호사가 결정되었고 첫 조정기일이 잡혔다. 나는 거주지인 지방의 관할 법원으로 가야 했다. 쉼터에서 법원까지 동행할 선생님들을 연결해주었다. 경찰서에도 조정을 마치고 나오면 경찰이 동행할 수 있게 조치를 해주어서 무척 든든했다. 석 달이라는 시간이 흘렀기에 남편을 조금이나마 편안한 마음으로 볼 수 있으리라 생각했다. 하지만 나를 부르는 남편의 목소리가 들리는 순간 온몸이 떨려오기 시작했다. 내 옆에 동행해준 변호사와 상담 선생님들이 계셨음에도 남편이 눈앞에 보이는 순간 다리가 떨리고 심장이 뛰어서 발걸음을 뗄 수 없었다. 옆에 계신 분들의 부축을 받으며 겨우 조정실로 갔다.

탁자를 가운데 두고 앞에는 조정관 두 분이, 그 왼쪽으로 남편과 남편이 선임한 변호사가 앉았고, 나는 내 변호사와 나란히 오른쪽에 앉았다. 남편의 얼굴을 쳐다볼 수조차 없어 조정관들만 보며 이야기했다. 남편은 내 진술서의 모든 내용을 부인하며 반박했다. 자신은 여러 장의 사진 속에 있는 멍들이 자신과는 상관없으며 폭행한 적도 없다고 했다. 코뼈가 부러진 것은 진단서가 있어서인지 어쩔 수 없이 인정하면서도 뺨 한 대만 때렸을 뿐인데 그렇게 된 것이라며 거짓말을 했다. 나는 헛웃음이 나왔다.

남편은 내가 바람이 나서 집을 나간 것이라고 의심했다. 아이들을 데리고 가지 않은 것이 그 증거라고 했다. 자신은 바람을 피운 것도 아니고 돈을 못 벌어다준 것도 아닌데 단순 폭행으로 이혼을 할 수는 없다고 했다. 그러면서 내가 바람이 나 남자가 있어서 집을 나간 것이라면 이혼해주겠다고 했다. 나는 도저히 이해할 수도 없는 말들을 하는 남편을 그저 허탈한 마음으로 바라봤다.

　내가 진술서에는 쓰지 않았지만 결혼 초기부터 남편에게는 다른 여자가 있었다. 진실을 알면 견딜 수 없을 것 같아서 모른 척하고 싶었을 뿐이었다. 남편은 여자의 전화를 받고 밤늦게 나간 적도 있었고 전화가 왔을 때 방문을 닫고 조용히 받은 적도 수없이 많았다. 나중에는 아예 당당히 전화를 받으며 나가기도 했다. 하지만 나는 물어볼 수 없었다. 여자 문제가 아니라도 견뎌야 할 일이 너무나 많았기 때문이었다. 남편은 여자가 있는 술집을 다니기도 했고, 그곳은 어떻고, 자신이 팁을 얼마나 주었는지에 대해 자랑스럽게 이야기한 적도 있었다. 내가 집을 나오고 얼마 안 됐을 때부터 여자와 같이 다닌다는 이야기도 들었다. 이혼 소송 중에 남편의 카카오톡에 여자랑 같이 찍은 사진이 올라오기도 했다. 그러면서도 왜 정작 이혼은 하지 않으려 하는지 정말 궁금했다.

　조정관 중 한 분이 내게 "혹시 이혼을 철회하고 다시 집으로 들어가는 것은 어떠냐"는 이해할 수 없는 말을 했다. 나는 "그럴 수 없다"고 말했다. 조정관들이 조정에 실패했다며 어디

그 일은 전혀 사소하지 않습니다

론가 전화를 했고 곧 판사가 조정실로 들어왔다. 그때 판사는 "만일 아내의 진술서 중 10퍼센트만 진실이라고 해도 이건 분명히 죄다. 세상에 모르는 사람을 폭행하고 4주 진단을 받았다면 감옥에 가야 한다. 남편이 아내를 때린 것도 역시 분명한 폭행이다"라고 말했다.

조정을 끝내고 밖으로 나오는데 남편이 이야기를 하자며 나를 붙잡으려 했다. 밖에서 기다리던 경찰이 제지하자 가까이는 오지 못하고 따라오면서 계속 말을 걸었다. 나에게는 그 소리가 하나도 들리지 않았다. 동행한 선생님의 팔을 잡고 경찰의 보호를 받으며 차를 타고 바로 터미널로 향했다. 서울로 가는 버스가 출발하자 몇 달 전 집을 떠나오며 버스를 탔던 순간이 떠올랐다. 다시 그날로 돌아가는 것 같았다.

첫 조정을 마친 뒤 법원은 부부 상담 절차를 밟으라고 명령했다. 무엇 하나 마음대로 되는 일이 없었다. 이런 상황이 나를 불안하게 만들었다. 남편은 친정에 계속 찾아와 이혼만은 막아달라고 했다. 친정엄마는 협박 같은 남편의 말이 무서워 알겠다고 말할 수밖에 없었다고 했다. 얼마 뒤 재판이 잡혔다는 연락을 받았지만 재판에 꼭 참석하지 않아도 된다는 말을 듣고 나는 재판에 가지 않았다. 참석해서 내가 직접 이야기하는 것이 재판에 유리하다고는 했지만 남편이 무서워 도저히 갈 수 없었다. 남편은 당당히 재판에 나와서 이혼을 원하지 않는다고, 아이들 때문에 이혼할 수 없다고 했다고 한다. 그러면서도 자신의 잘못은 절대 인정하지 않았다.

'아이들을 생각해서 다시 돌아가야 할까?' 남편이 하는 말을 들으면 나는 나쁜 엄마가 된 것 같은 자괴감에 빠졌다. 생각하고 또 생각했다. 계속된 고민으로 잠을 이루지 못했다. '소송을 그만두고 다시 돌아가야 하나'라는 생각을 하다가도 '이건 아니다'라는 생각이 들었다. '내가 집으로 돌아가서 살 수 있을까?' '다시 웃을 수 있을까?' 그럴 수 없을 것 같았다. 폭력을 피해 여기까지 왔는데 다시 아무 일도 없는 듯이 살 수는 없을 것 같았다. 남편의 얼굴만 떠올려도 생각하기 싫은 기억들이 되살아나 나를 짓누르는데 어떻게 다시 돌아갈 수 있겠는가? 다시 나를 다잡았다. 이혼을 하는 것이, 남편에게서 벗어나는 것이, 내가 살 수 있는 유일한 방법이었다.

부부 상담을 마친 후 다시 재판이 진행되었다. 양육권 때문에 가사조사를 받아야 한다고 했다. 가사조사는 남편과 같이 받아야 한다고 했지만, 남편이 두렵고 무서워 함께 받을 수 없다고 하자 따로 받게 해주었다. 조사관은 내가 지금 아이들을 키울 조건(거주환경, 경제적 능력)이 안 된다며 양육권은 남편에게 갈 것 같다고 했다. 소송을 시작하고 그렇게 1년이 흘렀다. 어떻게 흘러갔는지도 모를 지루하고 힘든 시간이었다. 처음 재판을 시작할 때 1년 정도 걸릴 거라는 말은 들었다. 나만 포기하지 않으면 이혼은 할 수 있다며 시간 싸움이라고도 했다. 혹시나 했지만 정말 1년이 지나가고 있었다. 뚜렷한 증거가 있는, 명백한

그 일은 전혀 사소하지 않습니다

폭력에 의한 이혼인데도 이렇게 힘들다니 참 슬프고, 이 기막힌 현실이 답답했다.

아름다운 생존자로 기억되고 싶다

이제 나의 고민은 이혼이 아니다. 이혼은 어떻게든 될 것이다. 나만 포기하지 않고 지치지 않으면 된다. 어떻게든 이 시간을 이겨내고 싶다. 다시 그 지옥 속으로 돌아가서 끔찍한 시간들을 살아간다는 것은 생각하고 싶지도 않다. 지금 나는 오로지 내 아이들만 생각한다. 직장도 없는 나에 비해 남편은 현재 시어머니와 함께 아이들을 키우고 있기 때문에 양육에 문제가 없다고 한다. 당장 아이들을 데려오고 싶지만, 아무것도 없이 데려올 수는 없다.

나에겐 뚜렷한 미래가 아직은 보이지 않는다. 그래도 나는 꿈을 꾸고 싶다. 거창한 것은 아니다. 작지만 소중한 미래다. 내 아이들에게 부끄럽지 않은 엄마가 되고 싶다. 어떻게 해서든 빨리 자립해서 두 딸과 어떤 두려움도, 무서움도 없는 곳에서 편하게 살고 싶다. 나는 아직 젊다. 신체도 건강한데 무엇이든 할 수 있을 거라는 생각이 든다. 그리고 무엇보다도 내 안에 큰 힘이 생겼다. 어떤 어려운 상황도 극복할 수 있는 힘 말이다. 그 힘으로 아이들과 함께할 그날을 위해 나아가고 있다.

나는 한 사람의 피해자가 아니라
모든 일들을 이겨내고 살아남은
'아름다운 생존자'로 영원히
기억되고 싶다.

나는 지금 어두운 터널을 계속 달려가고 있다. 계속 달릴 수는 없더라도 쉬지 않고 꾸준히 가다보면 터널의 끝이 조금씩 보일 것이라 믿는다. 그 터널의 끝엔 환하고 밝은 빛이, 아름다운 풍경이 내 눈앞에 펼쳐질 것이다. 그런 꿈과 희망이 나를 한 걸음 한 걸음 나아가게 한다. 지금의 시간을 이겨나가게 한다. 이 힘든 일들을 이겨낸 나에게 이제야 이렇게 말한다. '넌 잘못한 것이 없으니 지난 시간을 후회하지 마. 넌 최선을 다했어.' '이혼을 결정한 것은 잘한 선택이야. 아이들에게 당당한 엄마일 거야. 넌 앞으로 충분히 사랑받고 사랑을 나누며 살아갈 거야. 그리고 후회 없이 행복한 삶을 살았다고 말할 수 있을 거야.'

이제야 제대로 시작한 내 삶을 잘 살아내기 위해 웃고 싶다. 웃으려 한다. 앞으로 이보다 더 어렵고 힘든 일이 없으리라고는 장담할 수 없다. 그러나 나는 오뚝이다. 넘어져도 다시 일어날 것이다. 나 혼자 견뎌야 하는 시간이지만 그럼에도 나만의 삶을 시작할 것이다. 내 삶의 주인은 남편이나 또 다른 사람이 아니라 나 자신이기 때문에 나는 살아갈 것이다. 살아낼 것이다. 나는 한 사람의 피해자가 아니라 모든 일들을 이겨내고 살아남은 '아름다운 생존자'로 영원히 기억되고 싶다.

Q. 쉼터에 들어왔을 때와 나갈 때 달라진 점이 있나요?

집 밖으로 나설 때는 집에서 벗어나면 된다는 생각뿐이었어요. 그런데 막상 서울로 가는 버스를 타니 빨리 집에서 벗어나고 싶다는 초조함과 그래도 집으로 돌아가야 하지 않을까 하는 불안함이 동시에 드는 거예요. 쉼터에 발을 들였을 때도 집을 벗어났다는 안도감, 아이들에 대한 죄책감, 앞으로 닥쳐올 여러 가지 상황들에 대한 두려움 등으로 혼란스러운 상태였어요.

처음엔 제가 왜 이런 상황에 처하게 되었는지 이해할 수 없었어요. 시간이 지나면서 상담과 교육을 통해서 저를 돌아보게 되었죠. 제가 참으며 살아왔던 시간들이 억울하기도 했고, 아이들에 대한 죄책감 때문에 많이 힘들었어요. 눈물을 참 많이 흘렸던 것 같아요.

그렇게 쉼터에 9개월을 있었습니다. 쉼터를 나갈 무렵 다시 막막해졌어요. 이혼 소송은 진행 중이지 갈 곳은 없지 정말 앞이 깜깜했어요. 그런데 이 상황을 살아갈, 이겨낼 용기가 났어요. 자신감이 생겼죠. 제 자신을 많이 사랑하게 되었거든요. 또 전 혼자가 아니었어요. 쉼터에서 절 지지해주는 사람들을 만났으니까요. 절 이해하고 힘을 주는 사람들과 함께한다는 사실이 너무 든든하고 행복했어요.

Q. 쉼터를 나간 이후 어떻게 지내고 있나요?

퇴소를 준비해야 할 시기가 왔을 때 정말 갈 곳이 없었어요. 다시 다른 쉼터로 옮겨가든지 아니면 월세방이라도 얻어야 했죠. 다행히 주거를 지원해주는 곳에 자리가 나서 들어갈 수 있게 되었어요. 그런데 주거 지원이라는 것이 정말로 살 공간만 지원해주는 것이에요. 제가 있는 곳은 방 하나를 독립적인 공간으로 사용할 수 있고 나머지 공간은 공용이었어요. 방에 있는 가구라고는 옷장 하나였죠. 그래서 숟가락 하나부터 필요한 생필품을 모두 제가 마련해야 했어요. 정말 가진 것이 하나도 없었기 때문에 그런 것들이 힘들었습니다.

생활비도 벌어야 했어요. 저는 경력이 없어서 제가 할 수 있는 일은 시간제 아르바이트가 전부였어요. 쉽게 일자리를 구할 수 있는 곳이 식당과 마트 같은 곳이었죠. 앞으로 아이들을 데려와야 하고, 평생 저 자신을 지키려면 기술을 배워 안정적인 직장을 구해야겠다는 생각이 들었어요. 그래서 간호조무사라는 직업에 도전하게 됐어요. 1년이라는 시간을 투자해야 하고 힘은 들겠지만 앞으로 나아가기 위한 과정이라 생각하며 열심히 하고 있어요. 쉽지 않지만 늦었다고 생각하는 그때가 가장 빠른 시기라고 하잖아요? 이제는 자신감도 생기고 잘할 수 있을 거라는 생각이 듭니다.

Q. 힘든 점은 무엇인가요?

공부를 하면서 생계를 유지해야 하는 것이 가장 힘드네요. 간호조무사 자격증을 따기 위해서는 실습을 해야 하는데 육체적인 한계를 느껴요. 지금 받고 있는 주거 지원도 기간이 정해져 있어요. 지금 2년이 다 되어가는데 아직 공부 중에 있어 기간을 연장하려고 생각하고 있어요. 연장이 꼭 되었으면 좋겠습니다.

그리고 쉼터에서 나오는 순간 모든 지원이 끊어지니까 현실적인 이유로 다시 폭력 상황으로 되돌아갈 수도 있겠더라고요. 쉼터 이후의 주거와 자립을 위한 여러 방법들이 생겼으면 좋겠습니다.

Q. 이혼 소송은 어떻게 끝이 났나요? 이혼 후 아이들을 본 적은 있나요?

쉼터에서 시작한 이혼 소송은 1년 6개월이라는 긴 시간을 거쳐 끝이 났어요. 대한법률구조공단에서 무료법률구조를 받아 소송을 했는데, 중간에 변호사가 한 번 바뀌고 판사도 한 번 바뀌다보니 그렇게 시간이 걸렸어요.

두 아이에 대한 양육권은 남편에게로 갔어요. 다시 아이들을 볼 수 있으리라는 희망으로 그 시간을 참아왔는데 양육권은 경제적 기반이 없는 저에게 주어지지 않았습니다. 면접교섭권을 요구해서 아이들을 보려고 했지만 거절당했어요. 남편은 아이들이 엄마가 없는 생활에 적응하고 있으니 더 힘들게 하지 말라더군요. 이해할 수 있을 것 같았지만, 아이들이 상처를 받아서 나를 보고 싶지 않아 하는 것 같아 마음이 아팠어요. 사진을 보면서 아이들에 대한 그리움을 달래보지만 아이들에 대한 이 미안함과 죄책감은 평생 사라지지 않을 것 같아요.

그 일은 전혀 사소하지 않습니다

Q. 우리 사회는 소위 엄마, 아빠, 아이들이 있는 가정을 '정상가정'이라고 하잖아요? 그렇지 못한 가정에 대해서는 그릇된 통념과 차별이 있어 왔고요. 해나 님도 아이들을 '정상가정'에서 자라게 하고 싶어 오랜 기간 폭력을 견뎌왔다고 이야기했죠?

아버지가 일찍 돌아가셔서 어머니와 살았기 때문에 아버지가 필요하다고 생각했던 것 같아요. 아무리 나쁜 아빠라도 없는 것보다는 있는 것이 좋다고 생각했죠. 정작 제가 자라면서 아버지의 빈자리를 그리 크게 느끼지 않았는데도 '내 아이들은 아빠 없이 키우고 싶지 않다'고 생각했어요. 그런데 지금은 달라졌어요. 물론 부모가 다 있는 것도 좋겠죠. 그러나 폭력 상황 속에서 불안과 초조함으로 눈치 보고 숨죽이며 살아간다면 아이들은 행복하지 않을 거예요. 안전하고 편안한 보금자리에서 서로 사랑하고 작은 행복들에 감사하며 누릴 수 있다면 한쪽 부모가 없는 가정이라도 아이들에게 빈자리는 없을 것이라고 생각해요. 이게 '정상가정' 아닐까요?

Q. 폭력은 있었지만 겉으로는 '완벽한 가정'에서 12년을 보낸 삶과, 아이들과 떨어져 모든 생계를 본인이 책임져야 하는 '이혼녀'가 된 지금의 삶을 비교하면 어떻게 다른가요?

폭력을 벗어나지 못했던 가장 큰 이유는 아이들이었어요. 그다음이 경제적 어려움, 종교적 이유였습니다. 실제로는 행복과는 거리가 먼 가정이었지만 겉보기엔 다른 사람들이 부러워하는, 완벽해 보이는 가정을 내 손으로 깨야 한다는 게 힘들었어요. 폭력에서 벗어나기 위한 제 행동이 아이들에게 더 큰 상처가 되지 않을까 하는 두려움도 있었고요. 아직도 주위 사람들이 그래요. 참고 살았다면 지금처럼 경제적으로 어렵진 않았을 것이고 아이들과도 함께할 수 있었을 것이라고요.

하지만 저는 당당하게 말하고 싶습니다. 제 선택에 절대 후회는 없다고요. 지난 12년의 삶은 살아도 살아 있는 것이 아니었거든요. 참을 수 없는 일조차도 참아야 했고, 울고 싶어도 울지 못했고, 행복하지 않아도 웃어야 했어요. 정말 나름대로 최선을 다했지만 너무도 무섭고 비참한 삶이었죠.

Q. **폭력 피해를 당하면서도 집을 떠나지 못하는 여성들에게 해주고 싶은 말이 있다면요?**

지금도 많은 여성들이 참으며 살아가고 있겠죠. 여성이 참아야 한다는 생각이 옛날부터 너무나 뿌리 깊게 내려온 것 같아요. 아이들이 받을 상처, 앞으로 혼자 해결해야 할 수많은 난관들이 절 망설이게 했어요. 계속되는 폭력 속에서 내가 죽는 것이 폭력을 끝내는 가장 쉬운 방법 같다는 생각도 했으니까요. 그러나 전 더 힘들더라도 저와 아이들을 위해 살아가기로 결정했어요. 새로운 삶을 살기 위해 한때 내 삶의 전부라고 생각한 가정을 떠났습니다. 아이들도, 친정엄마도, 고향도 떠나 곱지 않은 사회의 시선을 견뎌내며 혼자 살아가고 있어요. 하지만 지금이 폭력에 얼룩진 예전의 삶보다 더 평범하고 자연스러운 삶이에요.

그 일은 전혀 사소하지 않습니다

폭력은 누구에게도 허용되어서는 안 돼요. 특히 가족처럼 가장 가까운 사람이 저지르는 폭력은 더욱더 안 된다고 생각해요. 아이들 때문에라도 폭력 상황에서 벗어나야 합니다. 그것이 정말 아이들을 사랑하고 또 저를 사랑하는 일이라고 생각해요. 혼자의 힘만으로 해결하기는 어려운 것 같아요. 주위에 도움을 요청하세요. 주저하고 참는 동안 상처는 더욱 커질 뿐이에요. 고개를 들어 주위를 둘러보세요. 보지 못했을 뿐이지 분명 손을 잡아줄 누군가가 있을 거예요.

Q. 가정폭력 피해자가 폭력 상황에서 벗어나고자 할 때 가장 필요한 것은 무엇이라고 생각하나요?

폭력 상황에서 신고도 못하는 사람들이 대다수일 거예요. 저 또한 그랬으니까요. 위급한 상황에서 어디에 도움을 요청해야 하는지도 몰랐어요. 쉼터가 있다는 사실도 몰랐으니까요. 폭력 상황에 대처할 수 있는 방법들이 많이 알려졌으면 좋겠습니다. 주위의 많은 관심과 지지가 있을 때 본인도 쉽게 용기 낼 수 있을 거예요.

Q. 앞으로의 계획은 무엇인가요?

지금 내 삶에서 가장 중요한 것은 저 자신이에요. 아이들도 제가 없다면 존재하지 않았을 거니까요. 지난 12년을 후회하지는 않아요. 최선을 다했거든요. 폭력이 없었다면 좋았겠지만 이미 지나온 시간이고, 또 그 삶이 있었기에 지금의 제가 있다고 생각해요. 더 열심히 살려고 해요. 또 최선을 다하다보면 아이들을 다시 만나 함께할 시간이 반드시 올 것이라고 믿어요. 자랑스러운 내가 되기 위해 더 노력하려 합니다.

그 일은 전혀 사소하지 않습니다

행복한
홀로서기

마 린

아르바이트를 하고 돌아와서 아이들 뒤치다꺼리를 끝내면 금세 밤이 되었다. 쉼터 식구들이 잠든 후 나는 방에 딸린 베란다로 나가 조용히 스탠드를 켰다. 비로소 공부가 시작되는 시간이었다. 컴퓨터를 켜고, 이어폰을 꽂고, 사회복지사 자격증 대비 온라인강의를 들었다. 어떤 날은 밤새도록 여성학 책들을 밑줄을 그어가며 읽었다. 오로지 나에게만 몰두할 수 있었던 그 밤들, 뜨겁고도 고요했던 밤들. 돌이켜보면 그 시간이 나를 살린 것 같다.

평범한 삶을 원하다

나는 지극히 평범한 삶을 원했다. 학교를 졸업하고, 직장을 다니고, 사랑하는 사람을 만나 결혼하고, 아이를 낳고, 토닥토닥 하는 시간들과 함께 아이들이 성장하고, 노년엔 함께 늙어가는 남편의 손을 잡고 지는 노을을 바라보는…… 결혼이란 같은 곳을 바라보고 함께 가는 것이라 했던가? 평범한 행복이 얼마나 힘겨운 것인지 알게 되기까진 그리 오랜 시간이 걸리지 않았다.

그는 참 괜찮은 사람이었다. 어른들을 공경하며 열심히 사는 모습에 이 사람이라면 나도 평범하게 행복할 수 있겠다는 생각이 들었다. 그런 그와 결혼을 했다. 하지만 결혼 후 그는 직장을 그만뒀다. 아마도 내가 꿈꾸던 평범한 행복은 그때부터 잘못 끼워진 단추처럼 어긋나기 시작한 것 같다. 그는 내게 가시밭길도 함께 갈 수 있겠냐고 물었고 난 힘들고 어려워도 함께 나누면 된다고 했는데 내가 생각한 가시밭길과 그 사람이 생각한 가시밭길은 다른 길이었나보다. 그는 결혼하고 난 후 모든 것을 내려놓았다.

남편은 내가 퇴근하고 돌아오면 오늘은 어떤 남자와 무슨 얘기를 나눴는지, 눈길은 줬는지 아니면 받았는지 끊임없이 물었다. 아침 일찍 출근해 밤 12시까지 서서 일하는 고된 노동에 남편으로부터 의심까지 받아야 했지만 일을 그만둘 수 없었다. 아이의 분유값도 없어 밤에 아이가 울면 분유보다 많은 물을 탄 우유병을 물려야 했던 시절이었다.

시어머니는 아이를 두고 떠나라고 하셨다. 그래야 당신 아들이 정신 차리고 일을 나갈 거라 하셨지만 나는 판도라의 상자

그 일은 전혀 사소하지 않습니다

속 '희망'을 찾는 것처럼 한 가닥 끈을 놓고 싶진 않았고 버텼다. 결국 그는 둘째아이가 태어날 때까지 직장생활을 하지 않았다. 아이들 병원도 제대로 데려가지 못했고 돈이 없어 예방접종조차 하지 못했다. 단 한 번도 임신 기간 동안 먹고 싶은 걸 제대로 먹어보지 못했던, 행복하지 않은 생활이었다.

사람들은 그렇게 싫은 사람과 살면서 자식은 왜 갖고 왜 낳았냐고 한다. 살아보지 못한 사람들은 그 삶을 알 수 없다. 그 사람을 사랑해서 부부관계를 갖고 아이를 임신해서 출산하는 것이 아니라 무기력 앞에 일어설 수 없고, 폭력 앞에 대항할 수 없는 상태로 강간당하는 것임을 그들은 모른다. 폭행이 있은 후에도 '여자들은 섹스로 풀어줘야 한다. 그냥 싫다는 건 한두 번 튕기는 것일 뿐'이라는 잘못된 생각들이 만연하다.

나 역시 그렇게 가진 둘째는 세상에 태어나게 하고 싶지 않았다. 12시간씩 서서 일하는 동안 몸이 버티기 힘들었던지 하혈이 계속되었지만 쉴 수 없었다. 배 속의 아이도 중요하지만 태어나 있는 큰아이도 먹여 살려야 했다. 중절 수술할 돈조차 없었던 나는 그저 자연유산이 되기만을 바랐다. 그래도 살 운명이라면 태어나는 거겠지 했다.

우연히 들른 절 앞에서 어느 분이 내게 더 이상 나쁜 마음은 갖지 말라고, 배 속의 아이가 살려달라고 하는 소리가 들리지 않느냐고 했다. 나는 눈물이 터졌다. 시댁 식구들 몰래 복대를 차고 다니던 터였다. 그렇게 태어난 둘째아이는 딸이었다.

헤어지기 전 법원에서 시어머니 품에 안겨 "할머니 집에서 기다릴 거야. 엄마, 꼭 뛰어와"라고 말하던 내 딸. 하지만 그 딸과 나는 헤어져야만 했다.

'나'의 삶은 없었다

눈만 뜨면 언어 폭행이 시작됐다. 난 결혼 후 내 이름을 잃어버렸다. 나의 호칭은 그 사람이 기분 좋은 날은 "돼지 같은 년", 기분 나쁜 날은 "씨발년"이었다. 나는 내가 누구인지, 왜 사는지, 뭘 하며 살아야 하는지 아무것도 생각할 수 없었다. 단 하나, 그저 죽고 싶다는 생각만 했다. 음식을 할 때면 부엌칼로 손목을 그을까 베란다에서 빨래를 널 때면 그냥 여기서 뛰어 내릴까 생각했다. 밤마다 기도했다. 내일 아침이면 죽은 듯 조용히 일어나지 않게 해달라고.

'나'의 삶은 없었다. 감시, 의심, 지시, 폭행이 계속됐다. 나 스스로 할 수 있는 것은 아무것도 없었다. 나는 그 사람에 의해 움직이고, 숨 쉬고, 자고, 먹었다. 그 사람이 내게 붙인 호칭처럼 동물로 사육되고 있었는지도 모르겠다. 유일하게 외출이 허용되는 곳은 시댁뿐이었다. 친정과의 왕래도 있을 수 없었고 전화 통화도 감시당해야만 했다. 숨막히는 생활이었다. 결혼한 지 2년 반 후 그는 다시 취직했다. 남편은 취직하자마자 내게 직장

그 일은 전혀 사소하지 않습니다

을 관두게 했다. 그는 나를 집에 들어앉히고도 통제하려고 했다. 나는 시댁, 아이들 병원 외엔 아무 곳도 갈 수 없었다. 전화벨이 울려 받지 않으면 의심했고 퇴근 후 집에 오면 아이들에게 오늘 어떤 아저씨가 왔다 갔냐며 다섯 살 된 아들을 붙잡고 물어보는 사람이었다. 무슨 뜻인지도 모른 채 아이가 "그렇다"고 대답하면 "내 저럴 줄 알았다. 남편은 밖에서 일하는데, 집에 애들도 있는데, 남자를 들여놓고 좋았냐"며 나를 괴롭혔다.

내 몸은 점점 말라만 갔다. 먹는 것도 싫고, 자는 것도 싫고, 그냥 나는 왜 아직도 죽지 않고 살아 있는 것인지 그것이 궁금했다. 그가 퇴근할 시간이 다가오면 불안해서 심장 박동이 요동 치고 손이 떨리고 신경이 곤두섰다. 책도 읽을 수 없고 TV도 마음대로 볼 수 없었다. 앞집 여자와 말 한마디라도 하면 다음 날 '네년이 내 욕을 해서 앞집 여자가 날 이상한 눈초리로 쳐다본다'며 날 괴롭혔다. 네모난 아파트 콘크리트 벽 안에서 나는 세상과 단절된 채 아이들만 보며 살았다. 내 정신은 피폐해져만 갔고 나의 온갖 짜증과 스트레스는 자연스레 아이들의 몫이 되었다.

아이를 어린이집에 보내는 것도 극도로 싫어했던 그 사람 때문에 집 안에서 매일매일 아이들과 갇혀 있었다. 어린이집에 하루 보낼라 치면 남편은 확인 전화를 했고, 아이들을 어린이집에 보냈다는 것이 들통나는 날엔 어김없이 욕설을 퍼붓거나 물건을 던졌다.

나는 어른이었기에 약한 아이들을 보호하고 감싸줘야 했지만 그러지 못했다. 아이들에게 소리 지르고 말을 듣지 않으면 감정이 폭발해 나 혼자 물건을 부수곤 했다. 특히 큰아이가 말을 듣지 않을 때면 마치 그 사람이 나를 무시하니까 아들도 나를 무시한다는 생각이 들어 더 혼을 냈다. 그렇게 난 못된 엄마가 되어 있었다. 이런 엄마였지만 그래도 착한 아이들은 늘 웃어줬고 딸아이는 "엄마, 가슴 아프지 마. 아프면 안 돼"라며 작은 손으로 내 가슴을 쓸어주었다.

어렸을 땐 어른들이 말하는 '가슴이 먹먹하다'라는 그 표현을 이해하지 못했다. 아이를 낳고 '엄마'가 되어가는 과정에서 이 표현의 의미를 절실히 깨달았다. 나에게 아이들은 생각만 해도 가슴이 꽉 막히는, 가슴이 먹먹하여 숨을 쉴 수 없는 존재였다.

집안 살림은 온전한 게 거의 없었다. 거실의 통유리창은 이사 온 직후 남편이 콜라 페트병을 던져 금이 갔다. 작은방 문은 식탁 의자로 때려 부숴서 문짝이 움푹 파였다. 식탁 의자는 다리가 부러져 쓰레기장으로 갔고, 안방 유리창은 물건을 던져 깨뜨렸다. 남편은 기분 나쁜 날이면 손에 잡히는 대로 다 던지고 또 던졌다. 밥을 먹다가도, 얘기를 하다가도, 잠을 자다가도 욕을 하며 물건을 던졌다. 특별한 이유도 없었다. 그 사람의 불행은 오로지 나 때문이었다. 직장에서 받는 스트레스의 원인도 모두 다 '내 탓'이었다. "너만 없음 행복하다"라고 말하는 그. 지금

그 일은 전혀 사소하지 않습니다

당신은 행복한 건지……

　생활은 점점 더 힘들어졌다. 몰래 보냈던 아이들 원비도 감당이 안 됐고 어린이집 생일잔치라도 돌아오는 날이면 아이들 선물 사가는 것조차도 힘들었다. 난 직장생활을 해야만 했다. 그 사람은 돈이 없어도 아이들 옆에 엄마가 있어야 된다고 주장했지만 나는 하루라도 빨리 가난에서 벗어나 아이들을 편한 마음으로 양육하고 싶었다. 하지만 그는 내가 아이들을 돌보기 싫어 직장에 나가고 싶은 것이라고 오해했다. 결혼 전 신용에 이상이 없었던 나는 결혼 후 신용 등급이 급격히 떨어졌다. 가스 중지, 전기 중지 고지서 외에도 여기저기서 체납장이 날아왔다. 남편이 파산자 신분이어서 돈이 필요할 때마다 내 카드로 여기저기 돌려 막기했다. 시어머니께도 돈을 빌려드렸다. 결국엔 손을 쓸 수가 없게 된 나는 신용불량자가 되고 말았다.

　결혼 후 안 사실이지만 이미 남편과 시대 식구 중 아버님을 제외한 모든 사람들이 파산자 신분이었다. 파산자가 무엇인지 왜 신용불량자가 되면 이 사회에서 살아남기가 힘든지 그때까진 아무것도 알지 못했다. 처음으로 겪게 된 생활고 앞에 이런 것이 정말 결혼생활인 건가 싶었다. 아무리 결혼이란 것이 현실과 다르다고 하지만 내 앞의 현실을 부정하고 싶었다. 그런 날들이 계속되어도 그 사람은 내가 일하는 것을 원치 않았다. 이대로는 도저히 살 수 없었다. 아이들에게 빨간 딱지가 덕지덕지 붙어 있는 집을 보여주고 싶지 않았다. 아이들만큼은 밝게 웃으며 살 수 있기를 바랐다. 결국 나는 다시 직장에 다니기로 했다. 남편이 계속 반대해봤자 그의 급여만으로는 빚과 생활비를 감당할 수 없는 상황이었다.

누구 하나 말해주는 이 없었다

천둥 번개가 치고 억수 같은 비가 쏟아지던 여름밤이었다. 시댁에서 아이들과 함께 밤을 보내고 있던 나는 그 사람에게 그만 헤어지자고, 이혼하고 싶다고 연락했다. 아이들은 잠에 빠졌고 나도 잠깐 잠이 들었던 것 같다. 문 두드리는 소리에 잠이 깼고 순간 그 사람이 갑자기 방문을 벌컥 열고 들이닥쳤다. 그리고 욕설을 하며 내 멱살을 잡더니 폭행하기 시작했다. 나는 아무런 방어도 하지 못한 채 맞아야 했다. 그 사람의 힘은 내가 감당하기엔 너무 셌다. 발로 밟고 차고 주먹으로 얼굴을 때리고 TV를 던졌다. 그 사람은 이미 이성을 잃은 듯했다. 이전에도 손발을 묶고 주위에서 소리를 들으면 안 된다며 내 입을 틀어막은 채 감금했던 그였다.

어디를 얼마나 어떻게 맞았는지도 기억이 나질 않는다. 기억 나는 건 그 사람이 소리를 지르며 "죽은 거 아냐? 야! 야! 죽었어? 숨 좀 쉬어봐"란 말뿐이었다. 다시 눈을 떴을 때 불행하게도 난 죽지 않았다. 시어머니 팔에 안겨 있던 나에게 "살았네"

그 일은 전혀 사소하지 않습니다

이 한마디를 내뱉고 그는 집으로 돌아갔고, 난 다시 쓰러졌다.

　다음날 그는 날 병원으로 데려가지도 않았다. 얼굴엔 피멍이 들었고, 눈은 실핏줄이 다 터져 흰자도 보이지 않을 만큼 붉은색으로 변해 있었다. 숨을 쉴 수도 안 쉴 수도 없는 고통이 가슴에 가득 찼고, 앉아 있지도 걷지도 못할 만큼의 고통이 엄습해왔다. 그런 나에게 시어머니는 말씀하셨다. "동네 소문나면 창피하다. 그리고 아범이 취직한 지 얼마 안 됐는데 설마 고소할 생각은 아니겠지? 그러다 또 직장 관두면 너만 고달프다. 그냥 사람들이 물으면 교통사고 난 거라 말해라. 알았지?"

　슬픈데 눈물이 나질 않았다. 가족이 보고 싶은데 이런 내 몰골로는 가족들 앞에 나설 수 없었다. 너무 아파서 병원에 가니 턱뼈는 내려앉았고 갈비뼈는 금이 갔다고 했다. 같은 병실 사람들이 내가 혼자 누워 있을 때 다가와 물었다. "남편이 때린 거 아냐? 애기 엄마, 친정 연락처 없어? 내가 대신 연락해줄 테니까 남편이랑 시어머니 없을 때 조용히 말해봐." 말하지 않아도 병실 사람들은 다 아는데 남편과 시댁 식구들은 올 때마다 구차한 변명을 해댔다. 접촉 교통사고가 나서 입원한 거라고 했다. 병원 의사 선생님도 상해진단서를 끊을 것을 권했지만 그때 내 수중엔 상해진단서를 끊을 돈도 없었다. 부부싸움은 칼로 물 베기라고, 싸우다보면 남자가 때릴 수도 있는 거 아니냐는 시어머니의 논리에 따라 깨질듯한 머리를 부여잡고 침대에 멍하니 누워만 있었다. 퇴근 후 찾아온 그는 사과 한마디 없었고 그저 내 입 막기에 급급했다. 병원비가 더 걱정되었는지도 모르겠다.

가정폭력이 뭔지, 누구에게 도움을 받아야 하는지, 어디서 상담을 받아야 하는지, 누구 하나 말해주는 이 없었다. 모든 고통은 혼자서 감당해내야 했다. 퇴원 후 복대를 차고 일을 시작했다. 그때 튀어나온 갈비뼈 연골은 지금도 영광의 상처마냥 내 몸에 남아 있다. 내 아픈 과거의 흔적이다.

나는 두렵고, 또 두려웠다

어느 날 컴퓨터에 앉아 인터넷으로 검색을 했다. TV 광고에서도 본 듯하고, 버스 광고에서도 본 듯한 1366이란 번호를 알게 되었다. 인터넷으로 검색해서 알아보니 여성의전화라는 곳이 있었고 나의 처지를 상담할 수 있는 곳인 듯했다. 그곳이면 내 아픈 마음의 이야기를 들어줄 것만 같았다. 혹시 그가 볼까 컴퓨터 검색 기록을 삭제한 후 그곳으로 전화했다. 상담원과 전화 통화를 하고 난 뒤 결심했다. 이곳을 떠나야겠다고 마음먹었다. 집을 나오기 위해 준비하는 데는 한 달 정도가 걸렸다. 일단 내 수중에 어느 정도 돈이 있어야 된다는 생각에 급여 날짜에 맞춰 집을 탈출하기로 했다.

12월의 어느 날이었다. 그 사람이 출근한 뒤 나는 짐을 챙겼다. 아이들 손을 잡고 집을 나섰다. 가끔 낮에도 집에 들렀던 그 사람 때문에 주위를 두리번거리며 버스 정류장으로 향했다. 커다란 짐 가방이 눈에 띌까 두려웠다. 급여가 들어온 것을 확인하고 인출을 하기 위해 은행을 들렀지만 좌절감만 맛볼 뿐이었다. 카드사에서 급여를 차압해 찾을 수 있는 급여가 한 푼도 없었던 것이다. 주머니에는 단돈 5만 원뿐이었다. 아이들은 추운 겨울바람에도 엄마와 버스를 타고 어디를 간다는 생각에 마냥 즐거워했지만 내 마음엔 슬픔만 가득했다. 하지만 그대로 집으로 돌아갈 수는 없었다.

무작정 아이들 손을 잡고 의정부행 버스에 몸을 실었다. 버스를 타면서 나는 휴대전화를 껐다. 이름 모를 정거장들을 하나둘씩 지나치며 내 불안은 더해졌지만 해가 지고 어둠이 내리자 이젠 돌이킬 수 없다는 생각밖에 들지 않았다. 태어나 한 번도 가보지 못했던 낯선 도시에 아이들과 내린 나는 두려웠다. 두렵고 또 두려웠지만 나를 도와주겠다는 그곳으로 택시를 타고 찾아갔다.

의정부에 도착해 짐을 풀고서야 마음이 놓였다. 그곳은 이른바 긴급피난처였는데 단기 쉼터로 가기 전 3일 동안 머물 수 있었다. 하지만 아이들과 나는 주말에 도착했기 때문에 약 일주일 동안 머물며 상담도 하고, 내 자신을 돌아볼 수 있는 시간을 가질 수 있었다. 그곳에서 아이들과 나는 마음 편히 먹고 자고 쉬었다. 그해 첫눈을 그곳에서 아이들과 함께 보았다. 그곳에 있는 동안 나는 매일 밤 홀로 눈물 흘렸다. 지내는 동안 나와 같

남편은 늘 나에게
"너 때문에……
너만 없으면……
너만 죽으면 우리 가족 모두
행복해"라고 말했다. 나는
쉼터에서 받은 상담을 통해
비로소 내가 가정폭력 가해자가
아닌 피해자임을 알게 되었다.
가해자는 남편이었다.

은 피해 여성들을 만났고 나만 겪는 아픔이 아니란 걸 알았다.

일주일 후 우리는 거처를 옮겨야만 했다. 아이들에겐 여행을 하는 거라 말했다. "어디로 가고 싶니?" 아들에게 물어보니 바다가 보고 싶다고 했다. 그래서 상담 선생님에게 바다가 보이는 곳이면 어디든 가겠다고 말씀드렸고, 나는 아이들 손을 잡고 바닷가에 있는 단기 쉼터로 떠났다.

또 다른 삶이 시작되다

처음 집을 나섰을 때 내게 불어왔던 세상의 찬바람은 감당할 수 없을 만큼의 슬픔이었지만 쉼터를 나서면서 맞이한 겨울의 바람은 내게 희망을 불어넣어주었다. 새로운 곳에서 또 다른 삶이 시작되었다. 낮엔 그곳 생활에 적응하며 아이들과 생활하기에 바빴고, 밤엔 그동안 읽지 못했던 책 속에 빠져들었다. 단기 쉼터에서 상담도 받았다. 남편은 늘 나에게 "너 때문에…… 너만 없으면…… 너만 죽으면 우리 가족 모두 행복해"라고 말했다. 나는 쉼터에서 받은 상담을 통해 비로소 내가 가정폭력 가해자가 아닌 피해자임을 알게 되었다. 가해자는 남편이었다. 그 사실을 깨닫고 난 후 나는 잃었던 웃음을 되찾았고, 생기를 찾았고, 조금씩 마음의 병을 치유해나가기 시작했다.

쉼터에선 언제든 내가 원하면 어떤 주제로도 상담이 가능했다. 상담 선생님은 내 이야기를 듣고 마치 자신의 아픔인 양 함께 울어줬고 아파해주셨다. 나는 결혼 후 연락을 끊고 지냈던 가족에게 연락했다. 부모님께서는 눈물을 흘리며 나를 안아주셨고 그곳에서 죽지 않고 살아나와줘서 고맙다고, 이젠 다 잊고 다시 시작하라고 다독여주셨다. 가족의 지지와 격려가 없었다면 나는 지금 어디에서 무엇을 하고 있었을까? 나의 모습을 보고 질책과 야유를 보내며 네 일이니까 네가 알아서 하라고 가족들이 나 몰라라 했다면 나는 그 아픔을 감당할 수 있었을까?

가족들의 권유로 나는 그곳에서 사회복지사 공부를 시작했다. 쉼터에서 배운 여성주의 상담이 무엇인지, 여성주의가 무엇인지, 가정폭력이 무엇인지, 여성 인권운동이 무엇인지 등등이 나에게는 마치 신세계 같았다. '아, 내가 모르는 곳에서 이런 일을 하고 있었구나. 나도 나와 같은 아픔을 겪는 여성들을 위해 일을 하고 싶다.' 마음속에 희망의 꿈을 심으며 여성주의 공부도 함께 시작했다.

쉼터에 있는 동안 나는 좋은 분들을 만나 일찍 자립할 수 있었다. 쉬는 날 없이 열심히 생활했다. 낮엔 일하고, 밤엔 공부하고, 시간이 날 때마다 책을 보고 아이들과 함께 시간을 보내며 이혼 소송을 준비했다. 1년여의 긴 소송 기간 동안 그가 법정에 나온 것은 단 한 번뿐이었다. 나 혼자의 싸움이었지만 지치고 싶지 않았다. 이혼율을 줄이기 위한 법원의 노력에도 불구하고 나는 끝까지 싸웠다. 위자료, 양육권, 친권 모두를 포기하는 조건으로 나는 무일푼, 아니 오히려 내 명의로 된 빚만 잔뜩 안은 채 이혼을 하게 되었다. 비록 아이들과 헤어져야 하는, 기약 없는 아픔을 감당해야 했지만 그 사람에게서 나를 구할 수 있게 되었다.

행복한 홀로서기

상담 선생님과의 연락은 계속 이어졌고 내 공부도 쉽 없이 이어졌다. 나는 여성운동을 하고 싶다는 의사를 내비쳤다. 선생님은 고되고 힘든 일이긴 하지만 보람되고 나 자신이 행복할 수 있는 일임은 분명하다고 말씀해주셨다. 나는 기다리겠다고 했다. 1년이든 2년이든 다른 일을 하면서 일을 할 수 있는 기회가 오길 기다리겠다고 말했다.

　페미니즘의 뜻조차 몰랐던 내가 페미니즘이 무엇인지 그 재미에 흠뻑 빠져 있을 때쯤 기다리던 연락이 왔다. 나는 일하고자 원했던 여성의전화에서 가정폭력 생존자이자 활동가로서 일을 시작했다. 20대 때의 직장생활과는 달랐다. 매끄러운 바닥에 모든 것이 갖춰져 있던 강남의 높은 빌딩의 사무실과는 너무도 다른 열악한 환경의 사무 공간에서 적은 급여를 받았다. 하지만 나는 하루하루가 재미있었고, 여성으로서 여성을 위해 일을 하고 있는 나 자신이 너무 자랑스럽게 느껴졌다.

사무국에서 일을 하며 전화 상담도 받아보고 면접 상담도 연계하면서, 가정폭력으로 아픔을 겪고 있는 여성들이 너무도 많다는 사실이 마음 아팠다. 그러면서도 쉼터로 가서 새 삶을 시작하게 되는 여성들을 보면 가슴이 뭉클했다. 가정폭력 피해자가 결국 가해자를 사망하게 한 사건들, 그래서 죄인이 될 수밖에 없는 상황이 너무 안타깝기만 했다. 인권운동이 뭔지 단어의 뜻도 모르던 내가 이젠 그녀들의 편에 서서 그녀들을 위한 목소리를 외치고 있다.

여성운동 활동가로는 아직 어린 새싹에 불과하지만 경험한 자로서 피해 여성들에게 말하고 싶다. 폭력의 책임은 나한테 있는 것이 아니다. 두려워하지 말고 조금만 용기를 내어 세상에 손을 내밀면 잡아주는 누군가가 있을 거라고 말해주고 싶다.

'내'가 행복해야 '아이들'도 행복할 수 있다고 믿는다. 비록 지금은 떨어져 지내고 있지만 불행과 슬픔으로 가득 찬 엄마의 모습으로 평생을 함께 사는 것보단 나중에라도 행복하고 밝은 모습의 엄마를 만나는 것이 아이들에게 더 바람직하지 않을까? 주위를 둘러보면 '자식들 때문에'라고 망설이는 여성들이 너무도 많다. 하지만 쉼터에서 생활하며 겪어본 나는 단호하게 말할 수 있다. 자식들보다는 당신의 행복을 먼저 찾으라고.

여성의전화에서 이혼을 부추긴다는 근거 없는 오해가 많다는 것을 안다. 하지만 여성의전화는 이혼을 목적으로 상담을 하는 것이 아니라 여성 스스로 자신의 삶을 돌아보고 주체적으로

그 일은 전혀 사소하지 않습니다

살아갈 수 있게 역량강화 상담을 해주는 곳이다. 이혼을 할지 다시 자신의 가정으로 돌아가 생활할지는 본인 스스로가 결정할 뿐이다. 내 삶의 주체는 나여야 하기 때문에 여성의전화에서는 어떠한 결정이라도 지지해준다.

나도 처음엔 그 사람을 원망하는 시간이 많았고 내 신세를 한탄했다. 왜 나만 불행해야 하고, 나만 아파해야 하고, 왜 저 사람은 내게 진심을 다해 사과하지 않을까? 세상의 모든 불행은 내게만 있는 것 같았다. 하지만 상담을 하고 공부를 하고 홀로서기를 하고 있는 지금, 나는 내 생애 그 어느 때보다 행복하다. 이 글을 쓰고 있는 지금의 내가 행복한 것처럼 지금 글을 읽고 있는 당신 역시 행복할 수 있다고 말해주고 싶다.

행복은 스스로 찾는 것임을 안다. 내 삶의 불행도 행복도 모두 내가 만들 수 있다. 홀로 선다는 것이 조금은 두렵고 외로운 길일 수도 있겠지만 주저앉아 있고 싶진 않다. 먼지가 묻었던 과거는 툭툭 털어버리고, 나를 위한 나만을 위한 행복한 홀로서기를 위해 나는 오늘도 열심히 기쁘게 살 것이다.

INTERVIEW
탈출, 그 이후...

Q. 쉼터 경험이 어떤 기억으로 남아 있나요?

쉼터는 제2의 인생을 시작할 수 있게 해준 곳이에요. 그곳에서 여성운동을 만났고 여성주의를 접할 수 있었고 여성의전화라는 단체에서 상근 활동가를 할 수 있게 되었으니까요. 제겐 잊을 수 없는 곳이죠.

Q. 아이들은 여전히 못 만나고 있나요?

세 번 정도 봤어요. 하지만 전남편이 재결합을 하지 않으려면 찾아오지 않는 게 좋겠다고 해서 그의 말을 일정 부분 따르기로 했어요. 시댁은 멀고, 시댁 식구와 잠을 자고 오는 것도 불편하고, 그렇다고 전남편 집에서 아이들과 자고 오는 것도 불편해요. 이혼 후 5년 만에 아이들을 본 것 같은데 둘째는 많은 부분 저에 대한 기억이 없었고 쉼터에서 함께 생활한 것조차 기억하지 못했어요. 큰아이는 초등학교 1학년이 되었는데 학교에서 부적응 아이로 조금 힘든 학교생활을 하고 있었습니다. 제가 아이들에게 만나러 일찍 오지 못해 미안하다고 말하자 큰아이는 엄마 잘못이 아니니까 이해한다고 했어요.

아이들만 생각하면 미안한 마음뿐이에요. 제가 제 마음대로 억지를 쓰면서 아이들을 보러 가는 게 맞는 것인지, 제가 해줄 수 있는 것도 없는데 한 달에 한 번 정도 보고 오는 게 맞는 것인지 갈등하고 있어요. 어쩌면 전남편 말대로 "5년 동안 너 없이 우리도 나름 힘들었고 이제야 적응하고 있는데 네가 갑작스레 끼어드는 것은 나도 그렇고 아이들에게도 좋지 않다"는 말이 맞는 것인지도 모르겠어요. 5년 만에 간 그곳은 제가 서 있는 자리가 어색할 정도로 세 식구의 모습이 편안해 보였어요. 전 여전히 갈등 중이에요. 아이들을 봐야 하나 아니면 마음에 두고 살아야 하나 고민하고 있습니다.

Q. 가정폭력이 무엇인지, 어떻게 도움을 받아야 하는지 몰라 고통받는 여성들이 여전히 많은데 꼭 하고 싶은 말이 있다면요?

가정폭력은 자신의 삶을 파괴하는 폭력이라고 생각해요. 저역시 이혼 전 매일 아파트 7층에서 떨어져 죽는, 혹은 자살하는 생각만 하고 살았어요. 조금만 용기를 내면 그 속에서 뛰어나올 수 있었는데도 말이죠. 집을 나왔을 때 호주머니에 5만 원밖에 없었어요. 무작정 아이 둘을 데리고 나왔죠. 하지만 여성의전화를 통해 현재는 건강한 삶을 살고 있습니다. 그분들에게 하고 싶은 말은 손을 내밀면 당신의 손을 잡아줄 사람이 많다는 것이에요. 당신의 아름다운 삶을 포기하지 말라고 말해주고 싶어요.

Q. 쉼터를 떠나 자립하면서 가장 힘든 점은 무엇이었나요?

아이들에 대한 미안함이 제일 힘들었어요.

Q. 쉼터에서 나간 이후 여성운동 활동가로서 삶을 시작했는데, 현재 어떤 삶을 살고 있나요?

현재는 제 삶에 매우 만족하며 즐겁게 살고 있어요. 물론 불쑥 불쑥 우울증이 도지기도 하지만 그때처럼 견디지 못하는 수준은 아 니에요. 자립해서 혼자 살고 있고, 퇴소 후 계속 직장생활을 했고, 대학 공부도 다시 시작하고, 책도 많이 읽고, 여행도 다니고 있습니 다. 살아 숨 쉰다는 것 자체가 행복해요. 전 다행스럽게도 원가족의 지지를 받을 수 있었어요. 가끔씩 부모님은 결혼을 다시 하라고도 하시지만 결혼할 생각은 들지 않네요. "다시 결혼하고 이혼하고 돌 아와도 우리는 널 반겨줄 것이다." 이 말 한마디가 제겐 정말 큰 힘 이 되었습니다. 가족들에게 미안한 마음과 고마운 마음을 전하고 싶어요.

그 일은 전혀 사소하지 않습니다

마당
안에
희망을
심다

잎 싹

나는 잎싹이다. 잎사귀를 줄여서 '잎싹'이라고 부른 것인데 실은 영화 〈마당을 나온 암탉〉의 주인공 이름이다. 양계장의 삶이 싫어서 탈출한 용기 있는 암탉! 나도 동화 속 잎싹처럼 마당을 뛰쳐나왔던 경험이 있다.

죽음의 사각링 위에서 뛰는 선수처럼

신혼여행 첫날부터 남편의 폭력이 시작됐다. 남편은 아주 사소한 일에도 성질을 내고 욕을 해댔다. 서랍을 제대로 안 닫았다느니, 물건이 똑바로 있지 않다느니…… 남편은 신혼이라 그런지 처음에는 무릎을 꿇으며 사과했고, 때론 눈물까지 흘리며 용서를 구하기도 했다. 하지만 시간이 지날수록 사과는커녕 욕설과 협박, 위협은 계속됐고 강도는 점점더 세졌다. 난 그런 남편에게서 아버지의 모습을 발견하곤 했다. 내 아버지도 엄마를 때리곤 했다. 어린 시절 친정의 삶이 그저 관람하는 양계장 속 닭 신세였다면 이제는 내가 죽음의 사각링 위에서 선수로 뛰고 있었다. 계속되는 잽과 펀치에 피폐해진 내 몸과 영혼은 언제 끝날지도 모르는 시합을 죽지 못해 계속하고 있는 셈이었다.

어느 날, 집을 나왔다. 마치 인신매매범에게 잡혔다가 탈출하는 심정으로 도망쳤다. 마구 달렸다. 그 사람이 쫓아올 수 없는 곳으로 도망가고 싶었다. 정신없이 골목을 달리고 또 달렸다. 남편에게서 벗어날 수만 있다면 어디든 죽을힘을 다해 달려갈 수 있을 것 같았다. 아뿔싸! 남편이 전화 통화하는 틈에 도망을 친 터라 맨몸이다. 돈이 있었다면 이 달리기를 좀 더 해낼 수 있었을 텐데…… 다시 집으로 향했다. 그날은 첫 신혼집이던 쪽방의 삶을 접고 방 3개와 싱크대, 화장실이 있는 다세대 주택으로 이사하는 날이었다. 아들 부부가 자주 다투는 원인이 보일러도 없는 형편없는 집일 거라고 생각하셨는지 딸 다섯에 외동아들을 둔 시댁에서 전세금을 보태주었던 것이다. 부끄럽고 초라한 건 사실 집이 아니었는데도 말이다. 돌이켜보면 그때 정말 종지부를 찍었어야 했다. 나를 집으로 향하게 한 것은 서서 설거지를 할 수 있는 싱크대가 아니었다. 암 투병 중인 엄마에게 딸의 실패한 결혼생활을 말할 수 없었고 나 스스로 세상을 마주

그 일은 전혀 사소하지 않습니다

할 용기가 없었기 때문이었다. 쪽방이 아닌 좀 더 나은 집으로 이사했다고 알콩달콩 살 거라고 기대한 적은 없었다.

결혼생활이 한 해 한 해 넘어가면서 시댁의 베일도 서서히 벗겨져갔다. 그저 한가로운 농촌 가정에 시집간 줄 알았다. 힘 겹게 얻은 귀한 아들의 며느리니까 나도 귀하게 대접받을 줄 알 았다. 그러나 시아버지는 알코올 중독으로 수차례 자살 시도를 한 적이 있으며 그런 남편을 둔 시어머니는 불안장애를 겪고 있 었다. '왜 하필 난 이런 사람과 인연이 닿았을까?' 결혼 후 나의 이름은 사라졌다. '씨발년' '미친년' '죽일년'이 내 이름이었다. 왜 그렇게 나에게 욕을 해대는지 알 수 없었다. 남편은 종종 자 신이 왜 그러는지 모르겠다고, 자신도 어쩔 수 없다고 했다. 다 시는 안 그러겠다고 수없이 약속했지만 그 약속은 어김없이 깨 졌다. 남편을 신뢰하지 못하고 무시하는 감정만이 켜켜이 쌓여 갔다. 시도 때도 없이 부엌칼을 들고 공격해오는 남편! 내 팔을 꺾고 목을 조르는 남편! 수없는 발길질을 참아내면서 나의 자존 감은 회복할 수 없을 정도로 무너져 내리고 있었다.

폭력 없는 세상으로 가고 싶었다

다세대주택에서 살다가 친정의 지하실로 이사했다. 시부모님께 서 농사짓던 토지가 매매 위기에 처해 어쩔 수 없이 신혼집의 전세금을 빼드려야 했기 때문이었다. 이사 간 친정집의 맨 위층에는 친정 부모님, 그 아래에는 나랑 두 살 터울의 오빠와 올케 언니가 살았다. 처음에는 육아와 살림을 엄마에게 의존할 수 있어 솔직히 편할 때도 있었다. 그러나 처갓집 지하실로 이사한 남편은 편할 리 없었다. 싸움 소리가 들리면 번번이 친정아버지가 내려왔으니 건강한 정신을 갖지 못한 남편은 상당히 불편했을 것이다. 그 스트레스는 온전히 나에게 돌아왔다.

맞벌이를 하는 오빠 부부를 위해 전업주부인 내가 저녁을 자주 차려주었다. 자연스레 오빠에게 남편의 일과 전망에 대한 이야기를 많이 하게 됐다. 우리나라에 막 인터넷이 퍼질 즈음이었던 그때 남편은 음향기기 쇼핑몰을 차리고 싶어서 안달이 나 있었다. 모든 거래처와 상품 개발처를 꿰고 있었고 그 분야의 10여 년이 넘는 노하우를 가진 남편은 사업을 성공시킬 수 있다는 자신감에 차 있었다. 오빠는 남편의 이야기를 듣고 솔깃해했다. 학창 시절에 영화를 찍으러 다니며 부산국제영화제에서 수상한 경력이 있는 오빠는 컴퓨터 관련 일이라면 뭐든지 도맡을 수 있었다. 게다가 새언니는 컴퓨터 강사로 일하는 터였다. 나 역시 결혼 전부터 아버지보다 오빠를 신뢰하고 의지했기에 남편과 동업을 하게 된다면 반드시 성공하리라 생각했다.

그 당시 가진 돈이라곤 탈탈 털어야 양쪽 집 각각 500만 원밖에 없었다. 하지만 우리는 우여곡절 끝에 창업했다. 부족한 자본 탓에 둘째를 임신하고 있던 나도 그 일에 뛰어들며 하루

　　　　그 일은 전혀 사소하지 않습니다

10시간씩 일했다. 그런데 오빠와 언니는 입덧하는 나를 전혀 배려하지 않았다. 아침에 출근하면 시뻘건 립스틱 자국이 선명하게 남아 있는 올케언니의 머그잔을 아랫사람인 내가 당연히 씻어야 했다. 오빠와 언니에게 수시로 무시를 당했고 그 때문에 모욕감을 수차례 느꼈다. 올케언니에게 실망하고 오빠에 대한 신뢰에도 조금씩 금이 가기 시작했다. 예전에 내가 알던 오빠가 아닌 것 같았다.

한 시간이 넘는 출퇴근 시간에 나는 식은땀을 자주 흘렸다. 도저히 입덧을 참지 못해 버스나 지하철에서 중간에 내리거나 주저앉는 날도 있었다. 집에 돌아오면 남편은 이런 나에게 위로는커녕 오히려 심한 욕설을 쏟아붓고 때렸다. 그 당시 내가 맡았던 일은 회사 홈페이지 게시판에 질문이 올라오면 답변을 달아주는 것이었다. 남편은 본드와 가스를 불던 불량 청소년 시절을 보낸 탓인지 국어 실력이 형편없었고 간단한 답변조차 달지 못했다. 그래서 난 퇴근한 뒤에도 집에서 마음 편히 쉴 수 없었다. 조금이라도 누워 있으려고 하면 남편은 발로 나를 걷어차며 당장 일어나서 댓글을 달라고 소리질렀다. 사업에 대한 불안까지 겹친 남편에게 임신한 아내의 모습이 눈에 들어올 리 없었다.

개도 새끼를 배면 걷어차지 않는다고 했다. 난 배 속의 아기에게 이 스트레스가 전달될까봐 눈물이 나와도 아무 일도 없는 척 내 마음을 진정시켰다. 남편은 꼼짝 않고 누워 있는 내 배

위에 올라와서 목을 조르기도 했다. 비명조차 지를 수 없었다. 처참하지만 이 처참함을 인식하고 받아들이는 순간 배 속의 아기도 고통받을 것 같았기 때문이었다. 내가 눈물을 흘리면 아기도 함께 눈물을 흘릴까봐 두려웠기 때문이었다. 눈물조차 흘릴 수 없는 나는 생명을 잉태한 어미인 것이다. 새끼를 지키기 위해 어미는 정신마저 분리해야 했다. 폭력 앞에서 콧노래라도 불러야 했던 어미의 심정을 내 아기는 알까?

남편이 내 목을 더 세게 누를 때 나는 이제 모든 것을 포기해야겠다고 생각했다. 이 세상 질긴 인연의 끈을 놓고 싶었다. 그렇게 폭력 없는 세상으로 가고 싶었다. "더……세……게…… 눌……러……" 난 남편의 눈을 보며 애원했다. 그제야 남편의 손이 스르르 풀리는 것이 아닌가. 뭐라고 대꾸하면 더 큰 사건이 되어 친정 부모님이 내려올 수도 있기에 나는 입을 막고 소리를 삼키며 울어야 했다.

오빠 부부에게 배신당하다

불행일까? 아니면 행운일까? 사업은 믿을 수 없을 만큼 번창했다. 직원이 늘어났고 올케언니의 남동생까지 직원으로 투입되었다. 나는 시댁에 있던 빚까지 빠르게 갚아나갔고 그즈음 새로 지은 아파트로 이사도 했다. 하지만 어째서 가난하면 가난한 대로 성공하면 성공한 대로 그 지긋지긋한 폭력은 잠시도 쉬지 않고 나를 괴롭히는 것일까?

이제 남편의 호주머니에는 어마어마한 돈이 있었다. 남편은 사람들로부터 인정받고 싶어 했다. 주위 사람의 시선을 무척 신경 썼다. 처자식만 빼고 모든 사람을 제가 모시는 주인처럼 대우했다. 그러니 남편 주위에는 사람들이 잘 꼬였다. 게다가 사업이 번창하고 잘나가는 사장님이 되면서 남편은 더욱더 바빠졌다. 남편의 귀가 시간은 늦어졌고 술에 절어 들어오는 날들이 잦아졌다.

출산 후 사업에서 손을 뗀 나는 두 아이 육아에 지쳐가고 있었다. 통장에 돈은 점점 불어갔지만 단지 숫자에 불과할 뿐이었다. 난 몹시 외롭고 지쳐 있었다. 아파트 13층 창문에 서 있으면 남편이 내가 뛰어내릴까봐 내 옷자락을 붙들고 있을 정도였다. 그때 아마도 우울증을 앓고 있었던 것 같다. 산후 우울증이었을 텐데 그것을 알아차릴 여력도 없었다. 아이들이 커가는 모습을 보면서 사는 게 다 이런 것이겠거니 스스로를 위로하며 살았다.

그러던 와중에 일이 터지고 말았다. 자금을 관리하는 올케언니가 자기 마음대로 회삿돈을 빼서 쓴 것이었다. 나중에 그것을 발견한 남편은 너무나 황당해했다. 올케언니가 사과하며 일은 수습됐지만 자존심 강한 올케언니와 오빠는 그 후로 남편을 곱지 않은 시선으로 보았다. 남편만 사라진다면 회사를 통째로 자신의 것으로 만들 수 있다는 생각을 하는 것처럼 보였다. 그런데 알고 보니 정말 처음부터 그럴 심산으로 동업을 한 것이었다.

"어머나! 아가씨, 그럼 우리랑 평생 같이 사업하려고 했어? 아가씨 이상하네. 우리는 미래 계획이 있어. 회사를 내 남동생에게 맡기고 외국으로 이민 가서 돈만 수금할 거야." 난 숨이 멎어버리는 줄 알았다. 그들이 보기에 나와 남편은 너무나 먹기 쉬운 먹잇감에 불과했던 것이다. 남편이 피 토하는 심정으로 모든 노하우를 전수하며 회사를 키워왔는데, 오빠 부부가 3년이라는 그 짧은 시간에 회사를 빼앗아가려고 하고 있었다. 난 졸지에 남편을 위로해야 하는 처지가 되고 말았다.

오빠에게 전화를 했다. 어찌 된 일이냐고 물었다. "내가 똥 밟았냐? 내가 왜 네 남편이랑 같이 있어야 하는데? 좋은 말로 할 때 꺼져." 남편에게 당하는 폭력은 길들여진 탓인지 점점 무뎌져 갔지만, 믿었던 오빠에게 당하는 이 엄청난 폭력은 도저히 받아들여지지 않았다. 결혼 후 처음으로 나는 남편과 한 팀이 되었다. 그러나 남편은 나에게는 그렇게도 폭력적이면서 타인에게는 그저 좋은 사람, 착한 사람으로만 기억되고 싶은 건지 도무지 싸움을 하려고 하지 않았다. 오빠 부부는 계약서에 그들만의 요구 사항을 적어 서명하라고 협박했다. 궁박한 상황에서 온갖 협박에 몰려 우리는 불공정한 계약서에 서명할 수밖에 없었다. 내 편은 아무도 없었다. 내 말을 귀담아 들어주는 사람은 아무도 없었다. 나는 친정 식구와 그렇게 조각난 가족이 되어버렸다. 친정 식구들이 나에게 이런 식으로 한다면 난 시댁을 볼 면목이 없다. 허망했다.

절망에 빠진 남편에게 공황장애가 발병했다. 공황장애란 특별한 이유 없이 예상치 못하게 나타나는 극단적인 불안 증상이며 발작을 동반한다. 엎친 데 덮친 격이었다. 나는 벼랑 끝까지 내몰린 기분이었다. 숨 쉬는 것조차 고통스러웠다. 나도 그동안 힘겹게 붙잡고 있던 이성의 끈을 놓고 말았다. 며칠씩 끼니도 거른 채 햇빛도 들지 않는 방에 누워 있었다.

왜 우리에게는 잘못이 없는데 주변 사람들에게 당하고 이렇게 힘들게 살아야 할까…… 나를 둘러싼 모든 것이 쓰나미처럼 덮치는 듯한 느낌이었다. 감당하기 힘들었다. 그때 참을 수 없는 분노와 피해망상, 외상 후 스트레스 장애 및 우울증 등이 나를 덮치면서 과대망상에 빠지기까지 했다. 급기야 나는 정신을 잃고 실성한 사람이 되고 말았다. 결국 정신병원에 끌려갔다.

"살고 싶어. 지금과는 다른 삶을 살고 싶어"

병원에서 서서히 안정을 되찾았지만 여기에 영원히 갇혀서 정말로 나 자신을 잃어버리는 것은 아닐까 두려웠다. 병원 안 사람들을 보며 차라리 정신 나간 저 사람들이 세상을 행복하게 사는 것이라고 생각한 적도 있었다. 병원을 퇴원한 지 얼마 되지 않아 다시 더 큰 정신병원에 갇히게 됐다. 안타깝게도 병원 밖 세상에서는 더 이상 나를 정상인으로 보지 않았다. 퇴원한 후로도 병원을 다녀왔다고 해서 남편이 나를 배려하거나 이해해주지 않았다. 내 기대는 헛된 물거품이었다. "넌 미친년이야. 정신병원까지 갔다 왔잖아. 넌 진짜로 미친년이라고!"

다시 사건이 터졌다. 늘 회식과 술자리로 밤늦게 들어오는 남편에게 전화했다. "아이들이 귤이 먹고 싶대. 집에 올 때 귤 좀 사다줘." 추운 겨울 저녁, 아이 둘을 데리고 슈퍼로 가기엔 조금 먼 거리라서 남편에게 부탁을 한 것이었다. 다음날 아침 아이가 물었다. "엄마, 아빠가 귤 사왔어?" "응 부엌 싱크대 위에 있을 거야. 네가 좀 가져올래?" "엄마, 봉지에 물이 많아." 나는 어젯밤 남편이 싱크대 위에 팽개쳐둔 귤 봉지를 살펴봤다. 썩어 문드러진 귤과 푸른곰팡이마저 낀 귤이 담겨 있었다. 순간 그 귤이 마치 밑바닥 결혼생활을 하고 있는 내 인생을 보여주는 것 같았다. 남들에겐 엄청난 호인으로 인정받으며 술값이고 밥값이고 모두 본인이 계산해야 속 시원해하는 사람이 자신의 아이와 아내에겐 고작 이 정도였다.

밤늦게 술에 취해 들어온 남편에게 작정하고 따졌다. 그 후 나에게 남은 것은 피투성이가 된 몸뚱이뿐이었다. 나는 이제 막 끝낸 시합에서 패배한 권투선수의 얼굴처럼 눈은 일그러져 뜰 수 없었고 입술은 몇 배로 부풀어 올랐다. 깔아놓은 이부

그 일은 전혀 사소하지 않습니다

자리 위엔 붉은 피가 낭자했다. 방바닥에도 피가 선지처럼 널려 있었고, 흰 벽에도 핏자국이 튀어 그림을 그려놓았다. 머리채를 얼마나 잡고 뒤흔들었는지 머리카락이 한 움큼 뽑혀 있었다. 남편은 술에 취했다고는 믿기지 않을 만큼 잽싸게 이불을 세탁기에 넣고 수건으로 바닥의 핏자국을 지웠다. 망연자실하여 일그러진 눈으로 남편을 바라봤다. 그때 남편과 나의 마지막 순간을 보고 있다고 생각했다. '당신과는 이제 이렇게 끝나는군요.' '당신은 내 얼굴의 핏자국과 내 가슴에 흐르는 핏물은 안중에도 없나요? 나란 존재는 저 이불과 방바닥만도 못한가요?' 밤새 나는 생명의 위협을 느끼며 부들부들 떨었지만, 남편은 코를 있는 대로 골며 자고 있었다. 그러고는 아무 일 없다는 듯 아침에 일어나 출근했다.

나는 또다시 햇빛도 들어오지 않는 그 방에 널브러져 누워 있었다. 이제는 울 힘도 없었다. '이제 어쩌란 말인가? 또다시 이대로 살아야 하는가? 아무 일도 없었다는 듯이?' 그동안 내가 살아온 삶들이 영상처럼 지나갔다.

"살고 싶어. 지금과는 다른 삶을 살고 싶어." 누군가에게 살고 싶다고 말하고 싶어졌다. 그렇다고 이웃이나 가족, 친구에게 이 말을 하고 싶지는 않았다. 그들은 죽을 만큼 힘든 나의 삶을 모르고 있었다. 방바닥에 누워서 힘겹게 전화기를 찾아 나도 모르게 114를 눌렀다. 왜 112를 누르지 않고 114를 눌렀는지는 잘 모르겠다. "네 고객님. 어디로 안내해드릴까요?" "살려주세요!"

"다시 한 번 말씀해주세요." "피가…… 피가…… 피가……" "누구한테 당하셨나요?" "남편이요." "여성의전화로 안내해드리겠습니다." 그렇게 나는 114를 거쳐 여성의전화 상담원의 안내를 받고 집을 나오게 됐다. 집은 더 이상 나에게 안전한 곳이 아니었으며 무덤과도 같은 곳이었다.

보물을 찾듯 나 자신을 찾아가다

여성의전화 쉼터는 전쟁터 같은 폭력 가정에서 살아남은 여성들의 피난처다. 공동생활을 하기 때문에 역할 분담도 해야 했고 때론 다툼도 있었다. 우리 모두를 보호하기 위한 극도의 조심성도 필요했다. 그곳을 잠시 거처 삼아 쉬었다가 누군가는 떠나기도 하고 누군가는 오래 머물 쉼터로 옮기기도 했다. 보호 기간은 6개월이었다. 시한부의 생활 속에서 서로 우정을 다지기도 하고 바깥으로 나가기 위해 각자 힘찬 날갯짓을 연습하기도 하는 곳, 그곳이 바로 쉼터다.

나는 그곳을 세상의 저 어둡고 구석진 곳에서 사람들이 굴러굴러 마지막에 지친 몸을 기대는 곳쯤으로 여겼다. 그곳에 있는 것이 나 스스로도 반갑지 않았던 건 그 밑바닥 같은 인생이 바로 내 인생이라는 것을 받아들이기가 어려웠기 때문이다. 그런데 정신을 차리고 한 사람 한 사람 만나다보니 내 생각이 선

그 일은 전혀 사소하지 않습니다

입견이었음을 깨달았다. 특히 나와 한방을 쓰던 파트너인 나이 많은 언니를 보며 생각했다. 그 옛날에 명문 여대를 졸업한 언니는 남편이 학교 선생님이었다고 한다. 그 언니의 마음과 정신은 얼마나 순결했는지 모른다. 나에게 자신은 수녀가 되는 것이 꿈이었다고 했다. 착하고 여린 사람은 시험이라도 들게 하는 것마냥 세상이 가만히 놔두질 않는 것 같았다. 그들은 꼭 우리네를 희생의 제물로 삼아 자신의 욕심을 채우는 것 같았다.

긴긴밤 파트너에게 누가 될까 싶어 숨죽여 울어야 했던 나날들이었다. 그래도 사람들 사이에서 함께 아파하고 위로해주는 동료애 같은 것을 느껴서인지 얼굴의 상처가 아물듯 마음의 상처도 아물어가는 것을 느낄 수 있었다. 우리네를 위해 쉴 새 없이 진행된 특별 치료 프로그램 덕도 있을 테지만 서로가 서로를 얼마나 치유하고 보듬었는지 모른다. 이렇게 조금씩 심리적 안정을 되찾기까지 여성의전화는 나에게 무한한 긍정과 회복의 에너지를 불어넣어주었다. 그 치료와 상담을 통해 과거의 나와 마주하기도 하고 현재의 나를 위로하며 다독이기도 했다.

어디선가 잃어버린 보물을 찾듯 나 자신을 찾아가며 나를 탐구해갔다. 내가 하고 싶었던 일, 그리고 잊고 있던 꿈도 밀려 올라왔다. 이후 인생 계획을 스스로 설계해가면서 힘이 솟아나는 것을 느꼈다. 예전의 나와 지금의 나는 확연히 다른 사람이 되어 있었다. 폭력으로 가득 찬 이 세상이 왜 이렇게 망가졌는지 알고 싶어지기까지 했다.

나는 오빠를 대학에 보내기 위해 고등학교 졸업도 하기 전에 종로2가 YMCA 지하에 있는 성인 오락실에서 근무하기 시작했다. 오락 기계가 40대쯤 있는 곳이었는데 아침부터 줄을 서서 문 열기를 기다리는 손님들이 밤 12시가 되어야 돌아가곤 했다. 빛도 들어오지 않는 그곳에서 나는 돈을 칩으로 교환해주는 일을 했다. 서랍에 돈이 쌓이면 백만 원씩 묶어서 옆에 있는 사무실로 보냈다. 그렇게 꼬박 3년 동안 일하며 4,000만 원가량을 모았다. 그 돈은 나와 형제들의 결혼 비용으로 쓰였고 친정 살림에 보태어졌다. 나는 청춘을 그렇게 음지에서 보낸 것을 보상받기 위해서라도 대학에 들어가야 했다. 그리고 이 폭력적인 세상에서 내 작은 힘을 보태 아이들이 살기 좋은 아름다운 세상을 만들고 싶어졌다. 쉼터의 자립 프로그램으로 숙명여대 보육교사 교육원에 등록할 수 있었다. 나는 예비교사로서 사회에 발을 내디뎠다.

이렇게 정신도 몸도 건강해지면서 나는 귀가를 결심했다. 다시 힘들어지더라도 내 이야기에 귀 기울여줄 쉼터 선생님들이 있다고 생각하니 든든했다. 마지막 밤을 보내자니 쉼터에서 보낸 날들이 영상처럼 흘러갔다. 돌아가는 날, 쉼터 식구들이 나를 위로하고 격려해주었다. 나는 쉼터 식구들의 뜨거운 눈물과 포옹을 뒤로하고 집으로 돌아갔다.

그 일은 전혀 사소하지 않습니다

나만큼이나 아팠던 내 아이들

안주인이 자리 비웠던 집은 썰렁함이 가득했다. 남편과 나 사이는 건널 수 없는 강을 건넌 것처럼 서먹했다. 그 적막감을 뒤로한 채 나의 시선은 빠르게 아이를 찾았다. 그토록 내 마음을 애달프게 했던 아들을 보는 순간 억장이 무너졌다. 온몸의 힘이 빠지고 말았다. 아이의 입술에 누런 딱지 덩어리가 앉아 얼굴의 반이나 덮고 있었다. 엄마 없는 그 불안함을 달랠 길 없어 수없이 입술을 핥아서 입술이 갈라지고 피가 나고 고름이 터져 나오다가 딱지가 앉고, 다시 그것을 핥아서 점점 부푼 것이었다. 엄마에 대한 원망과 그리움을 부풀어 오른 그 입술이 말하고 있었다. 그런 아들을 보니 다리가 후들거려서 제대로 서 있을 수조차 없었다.

　일곱 살짜리 딸아이는 낯선 타인을 대하듯했다. 집에 온 손님에게 친절을 베푸는 양 행동했다. 차라리 울며불며 "엄마 왜 이제 왔어?"라고 매달리면 이토록 가슴이 미어지지는 않았을 텐데…… 아이들에게 어떻게 용서를 구하고 나를 설명해야 할까? 아이들에게 엄마라는 존재는 세상 전부나 마찬가지다. 그런 존재가 갑자기 사라졌다는 것은 마치 태아의 탯줄이 끊겨버린 것이고, 우주 밖으로 내동댕이쳐진 것과 다름없다. 아이들은 극심한 죽음의 공포, 생명의 위협을 느꼈을 것이다. 내가 길거리 아이들에게서 우리 아이의 모습을 찾았듯이, 피아노 소리만 나도 아들의 연주를 떠올렸듯이, 아이들도 거리의 수많은 사람들 속에서 얼마나 엄마를 찾았을까?

비록 아빠라는 사람과 함께 있었지만 본인의 불안도 감당하지 못하는 사람이 아이의 불안과 슬픔을 돌봐주었을 리 없다. 아이들은 누구의 보호도 받지 못하고 방치되었을 것이다. 이제 막 10대의 문턱에 들어선 아들과 내가 나란히 누워 있었다. 불 꺼진 방 이불 속에서 아들이 질문했다. "엄마, 왜 집 나갔어?" "엄마가 너무 아팠어." "어디가?" "엄마 가슴이 너무 아파서 살 수가 없었어." 수많은 은유로 가득 찬 이 말을 아이는 당연히 이해할 수 없었을 것이다. 나는 그냥 무슨 말이든, 변명일지라도 어둠의 정적을 갈라놓을 무언가를 말해야 했을 뿐이었다.

외할머니 덕분인지는 몰라도 딸아이는 그럭저럭 일상으로 돌아온 것처럼 보였다. 그러나 아들은 그렇지 않았다. 그동안 잠재되어 있던 불안과 공포와 분노가 폭발하기 시작했다. 그 당시 나는 남편과 어떻게 관계를 개선하고 무엇을 용서하고 서로 어떤 이해와 공감을 했는지 어떤 약속을 했는지 기억나지 않는다. 아니 그럴 겨를조차 없었다. 아들의 증상 때문이었다. 아들은 입술을 심하게 핥아 부르터서 입을 벌리지 못할 지경에 이르더니, 갑자기 "쉭! 쉭!" 하는 소리를 내기 시작했다. 우리는 왜 그런 소리를 내냐고 아이를 야단쳤다. 그러면 아이는 더욱더 "쉭! 쉭!" 소리를 내는 것이었다. 하지만 나는 아이가 그렇게 온몸으로 항변하고 있을 때 일상의 모습을 되찾기 위해 그 모습을

그 일은 전혀 사소하지 않습니다

외면하려 했다.

　예전과 똑같이 밥을 짓고 청소를 하고 빨래를 한다. 예전과 똑같이 아이를 챙기고 문제집을 풀게 하고 책을 읽어주고 공부를 시킨다. 아이들의 입장, 특히 아들의 감정에 더욱 관심을 가졌어야 했다. 지금의 나였더라면 한없이 아들을 안아주고 또 안아주었을 것이다. 말로 엄마의 상황을 설명하지 않고 그저 따뜻하게 안아주어서 엄마의 마음을 표현했어야 했다. 그러나 상처 투성이 엄마는 아들의 아픔을 들여다보지 못하고 있었다. 아이의 상처는 점점 더 커지고 있었다.

　"씨발! 개새끼!" 이게 뭔 소리지? 깜짝 놀라 뒤를 돌아보았다. 사랑스러운 아들의 입에서 그런 욕이 튀어나오다니 믿을 수 없었다. 그러고 보니 "쉭! 쉭!" 하는 소리는 '씨발'이라는 말을 내뱉기 위한 시동이었나보다. "쉭! 쉭! 씨발! 개새끼! 죽여버려! 악!" 아이가 쉴 새 없이 내뱉는 욕지거리들. 수없이 남편에게 듣던 욕인데 이젠 내 속으로 낳은 아들에게서 그 욕을 듣는다. 남편은 이혼하면 남남으로 끝나건만 아이는 도대체 어쩌란 말인가. 열 살이 되도록 아이를 늘 불안과 공포에 떨게 했던 못난 부모였다. 그제야 나는 통곡하는 심정으로 아들에게 용서를 구했다. "미안해. 엄마가 잘못했어. 아들아 미안해." 좀 더 일찍 그렇게 사죄를 했으면 어떻게 됐을까? 되돌리기엔 너무나 늦어버린 바보 같은 엄마의 후회였다.

　아들은 당연히 학교생활도 제대로 할 수 없었다. 급한 대로 동네 신경정신과에 갔다. 아이의 병명은 '틱장애'란다. 아이의 증세가 점점 심해져 자살 시도에 이르자 서울대병원까지 데려갔다. 아이는 불안장애다. 그중에서도 '음성 틱장애'에 속한다. 눈을 깜빡거리는 아이들은 많이 봤어도 소리를 내는 아이가 있다는 것은 처음 알았다. 아들의 증상이 더욱 심각한 이유는 음성 틱장애 중에서도 욕설을 내뱉는 '외설증' 때문이었다. '뚜렛장애'라고도 하는데 호전되기가 어려운 증상에 속한단다.

아들은 반사회적 정서장애 증상도 보였는데, 예를 들어 달리는 자동차에 뛰어들고 싶다거나 신호등이 빨간불인데도 마구 건너고 싶은 충동을 느낀다고 했다. "뛰어들어! 뛰어들어!" 하는 이상한 소리가 귀에서 들린다고 했다. 실제로 학교 옥상에서 뛰어내리려는 시도도 했다. 서울대병원에서는 아들을 입원시키라고 했다. 하지만 마음이 병든 아이들이 얼마나 많았던지 병실이 없어서 할 수 없이 발걸음을 돌려야 했다.

음성 틱장애는 잠들 때만 잠잠했다. 얼마나 힘들었을까? 무의식적 신체 반응은 통제 불능이었다. 나는 집을 나오기 전보다 더 악화된 집안 상황에 가슴이 갈가리 찢어지는 것만 같았다. "당신 때문이야. 아빠가 공황장애라서 애가 이런 거라고." "시어머니가 불안장애잖아. 집안 내력이 이래서 유전된 거라고." 내가 울부짖으면 남편은 이렇게 되받아쳤다. "네가 집을 나갔기 때문에 애가 이렇게 된 거잖아." "집 나간 미친년이 어디서 지랄이야?" 그런 싸움이 아이에게 아무런 도움이 되지 않는

그 일은 전혀 사소하지 않습니다

다는 걸 알면서도 서로가 서로를 탓했다. 가정은 아이로 인해 더욱 삐거덕거렸다. 나는 아이의 문제를 해결할 수 없었다. 나조차도 좌초될 것처럼 비틀거리는데, 남편도 감당이 안 되는데 아이까지 감당할 수 없었다. 너무 힘들었다. 앞도 안 보이고 답도 찾을 수가 없었다.

아들이 욕하는 모습에서, 아들이 부엌칼을 들고 나오는 모습에서 남편의 모습이 보였다. 죽고 싶었다. 차라리 아들의 칼이든 남편의 칼이든 그냥 달게 받고 싶었다. 그토록 찾아 헤맨 행복이 우리에게는 영영 오지 않는가보다. 결혼 전부터 온갖 불행을 다 짊어져온 나! 이제 그만 주저앉아버리고 싶었다. 그러던 중에 우리 가족에게 기적 같은 일이 일어났다. MBC 〈PD수첩〉에서 방영된 시골의 작은 학교 이야기를 본 것이다.

누구나 그 앞에 인생의 터널이 놓여 있다

'여기다. 이곳이 우리가 가야 할 곳이야. 아무도 우리를 모르는 곳에서 새로운 출발을 하는 거야.' 더 이상 나를 미친년으로 생각하지 않고 작은 생명도 살아 숨 쉬는 시골 지역이 우리가 살 곳이라는 생각이 들었다. 마지막 숨을 꼴딱거리며 마지못해 살고 있는 우리를 그곳이 반겨주리라 굳게 믿었다. 남편의 출퇴근 시간이 가장 큰 걸림돌이었지만 다행히 남편도 이곳을 떠나고

아들이 욕하는 모습에서,
아들이 부엌칼을 들고 나오는
모습에서 남편의 모습이 보였다.
죽고 싶었다. 차라리 아들의
칼이든 남편의 칼이든 그냥 달게
받고 싶었다.

싫어 했다.

도시를 등지고 떠나온 새로운 세상인 이곳, 시골은 상처 입은 우리 가족을 온전히 품어주었다. 처음으로 우리 집이 아늑하고 따뜻하게 느껴졌다. 영영 오지 않을 것만 같았던 행복의 그림자가 우리에게도 언뜻 비추는 듯했다. 그것이 그대로 느껴졌는지 아들은 "엄마 행복해" 하며 귓속말을 하는 것이 아닌가. 눈물이 주르륵 흘렀다. 그 눈물은 예전과 다른 행복과 감사의 눈물이었다.

아들은 여전히 틱장애가 있다. 학교에선 같은 반 친구들이 연신 선생님께 일러댄단다. "선생님 쟤가 자꾸 욕해요." 아들은 잘생긴데다 인사성도 바른 모범적인 아이였다. 그런데 자기도 모르게 튀어나오는 틱장애 때문에 힘들어했다. 나는 매일 아들의 안색과 틱 상황을 점검하기에 바빴다. 좋아졌다 나빠지기를 반복할 때마다 내 마음은 미친년 널뛰듯 함께 오락가락했다. 담임선생님은 아들보다 더 불안해하는 나를 걱정해주었다.

"엄마 너무 힘들어. 수업시간에 갑자기 튀어나오는 욕을 참으려다가 소리를 꽥 질러버렸어. 나 죽으면 안 될까? 죽고 싶어. 나는 왜 이러는 거야?" 학교에서 돌아온 아들이 나에게 울면서 하소연했다. 난 정신을 잃은 사람처럼 집 안을 뒤져 서울에서 먹다 남긴 정신과 처방약을 찾아 아들에게 먹였다. '미안해, 엄마가 잘못했어. 엄마가 아빠를 만난 것도 잘못이고 어려서부터 너를 지켜주지 못한 것도 잘못이고 집을 나간 것도 잘못이야.

다 내 잘못이야.'

또다시 남편과 나는 아이를 두고 말다툼을 시작했다. 모든 것이 미워지고 원망스러웠다. 나는 아이들 앞에서는 제발 큰소리치고 성질내지 말라고 사정했다. 아들의 증세에 남편도 나와 마찬가지로 고통스러워했다. 자신의 거친 언행 때문이라고 뉘우치는 듯했다. 불안에 떠는 아들이 없었더라면, 그렇게 온몸으로 아파하는 아들이 없었더라면 아마도 남편은 변하지 않았을 것이다.

남편은 스스로를 힘겹게 치유해가고 있었다. 텃밭을 가꾸는 일에 열중했다. 퇴근하고 집에 들어오기에 앞서 마당에 있는 채소와 과일들을 살피고 잡초를 뽑아주었다. 우리 집을 둘러싼 나지막한 산들을 감상하며 담배를 물기도 하고 일찍 일어나 산책을 즐기기도 했다. 별들이 총총 떠 있는 밤에는 하염없이 마당에 앉아 있었다.

누구나 그 앞에 인생의 터널이 놓여 있다. 그 터널을 뚫고 지나갈 것인지, 아니면 터널을 회피할 것인지는 온전히 자신의 몫이다. 터널이 얼마나 깊고 어두운지는 들어가봐야 알 수 있다. 터널을 회피한다고 해서 터널을 다시 만나지 않으리란 보장은 없다. 터널 전의 세상, 그리고 터널 안의 세상, 마지막으로 터널 밖의 세상 속에서 나는 마치 나비와 같았다고 생각한다. 알이 되었다가 애벌레가 되고 번데기가 되고 마침내 나비가 되는 과정을 겪었다. 내 인생 속에서 허물을 여러 번 벗어던진 셈

그 일은 전혀 사소하지 않습니다

이다.

　나 자신에게 말해주고 싶다. "살아 있다는 것만으로도 아름답다." 쉼터에 있는 여성들을 일컬어 '생존자'라 표현하기도 한다. 그 얼마나 급박한 환경이었기에 생존자라는 표현을 쓸까 생각도 해보지만 '살아 있는 자'라는 그 말이 얼마나 아름다운지 이제야 알 수 있다. 살아 있으므로 아픔과 고통을 이겨낸다. 살아 있다면 성장을 하게 마련이고, 성장한다는 것은 좀 더 완성된 인간으로 한걸음 나아가는 것이 아닐까?

Q. 요즘은 어떻게 살고 있나요?

아이들이 중·고등학교에 진학하는 바람에 부득이 시골을 떠나 시내로 나왔어요. 어렵게 집을 구해 이사했죠. 부동산에 주택 매물이 나오자마자 집을 보러 갔는데 속으로 웃음이 났습니다. 집 외벽에 '행복한 집'이라는 네온 간판이 있었거든요. 택배가 올 때도 치킨 배달을 시킬 때도 "행복한 집이요" 하고 애써 힘주어 말하고 있어요.

얼마 전에 아들의 초등학교 5학년 때 담임선생님에게 전화가 왔어요. 아들이 가장 힘겨울 때 의지하며 은혜를 입은 고마운 분인데, 교육자로서 아들의 소식을 궁금해하시는 것 같았어요. 그런데 전화를 끊자마자 갑자기 예전의 기억이 '훅' 하고 떠오르는 거예요. 며칠 동안 마음을 앓고 마음을 만지고 마음을 일으켜 세웠어요. 그만큼 현재의 삶은 과거의 삶에서 아주 멀리 떨어져 있다는 뜻이기도 하겠죠. 이제는 과거가 떠오른다고 해도 쉽게 마음이 주저앉지는 않아요.

Q. 이후 남편과의 관계는 어떤가요? 폭력은 사라졌나요?

중년이 되면 다들 그렇듯이 연민의 정으로 살아가는 것 같아요. 남편은 자신을 괴롭혔던 공황장애에서 자유의 몸이 되었습니다. 심리적으로 안정되고 예민한 것도 줄어들었죠. 경제적으로는 전보다 악화됐고 미래에 대한 보장도 없지만 이러한 이유들이 더 이상 불화의 씨앗이 되지는 않을 것 같아요. 저는 세상이 허락하는 만큼 일하고 앞으로 닥치게 될 일들까지도 겸허히 받아들이며 소박하게 살아갈 마음의 준비가 되어 있습니다.

남편의 폭력은 감히 사라졌다고 말할 수 있어요. 크고 작은 갈등을 잘 조정해가는 중이며 작은 말다툼을 하는 정도예요. 이렇게 될 수 있었던 것은 자연이 주는 치유력과 놀이 덕분이에요. 시골에선 닭장 속에 있던 닭들이 시도 때도 없이 탈출해요. 아침부터 닭몰이를 하느라 정신없었죠. 허구한 날 물고기를 잡아 저녁놀이 지는 들판에서 지인들과 어울려 매운탕 파티를 열었어요. 저녁이면 다슬기를 잡으러 갔고 긴 막대 끝에 포크를 달아 낚시 도구를 손수 만들어 낚시도 즐겼고요. 치킨이나 피자, 짜장면조차 배달이 안 되는 그런 시골마을이었어요. 자연이 주는 먹거리를 찾으러 다니고 즐기는 삶을 살았을 뿐인데 지금 생각해보니 그 얼마나 아름다운 놀이였는지……

시골살이에 맞게 나무를 활용해 침대며 테이블이며 선반 의자 등을 만들기도 했어요. 가구가 완성되면 그것을 구경하러 온 지인들과 또 한 번 잔치를 열었고요. 주말이면 이웃집으로 원정을 가서 하루 종일 나무와 씨름하고 수고비로는 이웃과 함께하는 술 한잔으로 모두가 만족한 하루를 보내기도 했습니다.

시내로 거처를 옮기고부터는 다른 취미활동에 빠져 있어요.

배드민턴을 치며 건강을 챙기고 음악밴드 활동을 하며 공연 계획을 세우는 등 바쁜 나날을 보내고 있어요. 아동 청소년을 위한 자선공연을 열어 지역사회에 작은 공헌도 했습니다. "놀기 위해 세상에 온다"는 말은 아이들뿐만 아니라 어른들에게도 적용되는 말임을 실감해요. 상처받은 사람이라면 더더욱 놀기 위해 세상에 온 것처럼 놀아야 해요. 우리 가족처럼요. 남편은 집안일도 열심히 해요. 하지만 간밤에 남편 때문에 몹시 괴로워하는 악몽을 꿨어요. 괴로움의 강도는 예전보다 많이 약해졌지만 과거가 완전히 정리되지는 않은 듯해요. 그냥 내버려둘 참이에요.

Q. 아이들의 근황도 궁금해요.

고등학교 1학년인 아들은 힘든 경험이 있어서인지 애어른처럼 빨리 성숙했어요. 그 나이에 맞는 모험보다 안정성을 추구하는 점은 부모로서 정말 미안한 부분이에요. 아들은 사소한 걱정거리들을 휴대전화에 적어서 저장해놓고 그것이 해결되면 삭제하는 일을 저녁 일과로 하고 있어요. 가끔 그런 아들의 모습을 볼 때마다 아무 일도 없던 것처럼 되돌아갈 수는 없는 거구나 하고 생각합니다. 하지만 아이는 자신의 마음을 잘 조절하며 다스리고 있어요. 자신에게 앞으로 무슨 일이 닥쳐도 잘 헤쳐나가고 성공할 수 있다는 믿음이 있는 것 같아요. 아들은 엄마와 애착관계가 형성되어 있어서인지 저와 대화를 많이 하는 편이에요. 요즘은 멘토링 해주는 대학생 형들 이야기를 하며 자신의 꿈을 설계해가고 있습니다.

그 일은 전혀 사소하지 않습니다

중학생이 된 딸은 이제와 돌이켜보니 조용히 내상을 입은 피해자라는 생각이 들어요. 학교에서는 선생님과 친구들 사이에서 공부 잘하고 성격 좋은 아이로 통하는데 이상하게 집에서는 완전 반대예요. 딸이 어렸을 때 저 자신과 아들의 문제에 신경을 쓰다보니 상대적으로 딸에겐 소홀했던 점이 사춘기 때 문제점으로 표출되는 것 같아요. 마음의 찌꺼기로 남아 있는 엄마를 향한 미움과 원망은 함께 풀어야 할 숙제로 남아 있는 셈이에요.

Q. **여러 번 인생의 고비가 있었어요. 그 고비들을 힘겹게 통과해오면서 그 누구보다 강인한 마음을 갖게 되었을 것이라고 생각합니다. 지금 본인의 삶을 한마디로 이야기한다면요?**

　　한마디로 이야기하면 '산불 속에서 태어난 씨앗'이라고 말하고 싶어요. 시에라 네바다 산맥 북부에 있는 세코이아 국립공원에 엄청나게 큰 나무가 있다고 해요. 눈이 많은 고산지대의 척박한 환경 속에서 세코이아 나무는 살아남아야 합니다. 천 톤이나 되는 그 나무의 출발인 씨앗은 겨우 0.05그램이라는데 이 작은 씨앗이 크고 육중한 나무로 성장하기 위해서는 반드시 산불이 필요하다고 하네요. 산불로 인해 씨앗은 낙엽으로 가득해 닿지 못했던 대지에 자리 잡고 햇빛을 만나게 되죠. 게다가 타버린 낙엽들은 씨앗의 훌륭한 거름이 됩니다. 이렇게 발아가 되기만 하면 세코이아 나무는 1년에 30센티미터씩 무섭게 성장한다고 해요. 이쯤 되면 산불은 재해가 아니라 태어남을 축하하기 위한 불꽃쯤으로 여겨야 할지도 모르겠어요. 저 또한 그렇게 생각하려고 해요.

저는 제 인생의 산불을 불꽃축제로 승화시키는 작업을 진행하는 중이에요. 앞으로의 과제가 있다면 큰 나무가 될 수 있도록 성장시키고 가꾸는 것일 테지만…… 먼 훗날의 내 모습을 보고 이런 말이 오간다면 더없이 성공한 인생을 살았다고 자부할 수 있을 거예요. "너의 시작은 참으로 보잘것없는 씨앗이었구나." "그 뜨거움 속에서 단단하고 깜깜했던 껍질을 벗어던졌구나." "너의 그 껍질까지도 너를 위한 거름으로 삼았구나." "네가 태어나기 위해 세상에 많은 것을 빚졌으니 지상에 뽀뽀하자마자 드높은 하늘을 향해 쉼 없이 달려가는구나."

Q. 앞으로의 꿈과 계획은 무엇인가요?

평범한 삶조차도 버거워진 세태 속에 거창한 꿈과 계획을 세우기보다는 현재에 충실하며 살고 싶어요. 이렇게 평범하게 하루하루를 사는 것이 과거에는 꿈같은 일이었거든요. 특별한 삶을 소명으로 받아들이며 세상에서 내가 할 일이 무엇인지 인문학적 소양을 쌓으며 찾고 있는 중입니다. 삶의 거름이 되는 공부를 게을리하지 않으면 언젠가 그것이 차고 넘쳐 저절로 세상 속으로 흘러 들어가지 않을까요. 물 흐르듯이 나를 데려가주는 인생의 파도에 힘을 빼고 자연스럽게 몸을 맡기고 싶어요. 어디쯤 와 있는지 가끔 확인하면서요. 평범한 삶이 꿈이 되어버린 사람들에게 용기를 줄 수 있는 삶이라면 만족합니다.

그 일은 전혀 사소하지 않습니다

잃어버린 시간

순 영

엄마가 고픈 아이

다섯 살 순영은 뛰고 또 뛰었다. 동네 언니 오빠들과 어울려 놀기 위해 그날도 뛰고 또 뛰고, 오르고 또 올랐다. 창고 안에 쌓인 나무토막 사이 삐죽이 튀어나온 못에 슬리퍼가 뚫려 그 못이 발바닥에까지 닿아 선홍색 피가 흥건히 흘렀다. 도움을 청할 사람은 일곱 살 언니뿐이었다.

순영의 아버지는 그의 표현을 빌리자면 '아주 특별하게 똑똑한 사람'이었지만, 가난한 집안에 태어나 교육도 제대로 받지 못했고 그에 대한 불만과 열등감으로 젊은 시절을 보냈다. 본인은 머리가 좋으니 마음먹고 열심히 살면 낮은 학벌을 극복할 수 있으리란 생각에 최선을 다해 노력했지만 현실의 벽은 높았고 반복되는 좌절에 더는 일어날 힘조차 없는, 제대로 된 직장도 갖추지 못한 초라한 가장이었다. 무능력한 가장인 아버지 대신 하루 종일 일을 해야 했던 어머니, 그로 인해 어린 4남매는 가난과 어머니의 부재에 적응해야만 했다. 순영의 기억 속 어머니는 초록색 화장품 가방을 뒷자리에 싣고 자전거를 타고 가고 있다. 짙은 파우더 향기, 뽀글뽀글 짧은 파마머리에 진한 피부화장을 하고 붉은 립스틱을 바른 모습의 어머니는 화장품 방문판매원이었다.

할아버지, 스스로 생을 마감하다

언제부턴가 동생 병철이 아침에 일어나 머리가 아프다고 하는 날이 잦아졌다. 처음에는 학교에 가기 싫어 꾀병 부린다고만 생각했는데 두통을 호소하는 날이 많아지며 동시에 구토까지 하기 시작했다. 시내 병원에 병철을 데리고 갔던 아버지는 가타부타 이야기도 없이 서울대병원으로 병철을 데리고 가셨고 간간히 전화로만 잘 지낸다고 소식을 보내왔다. 순영을 포함한 가족 모두 병철의 병명도 경과도 알 수 없었다. 두세 달쯤 지났을 무렵 순영의 아버지는 병철을 데리고 집으로 돌아오셨다.

병철의 병명은 뇌종양이었다. 종양 제거를 위한 대수술을 했으며 방사선 치료를 하면서 힘든 나날들을 보냈다고 한다. 늘

그 일은 전혀 사소하지 않습니다

사고뭉치에 말썽꾸러기였지만 밝고 활발한 아이였던 병철은 아프고 난 후로 학교에 가지 못하는 날이 많아졌다. 간혹 학교에 간 날도 '빠박이'라고 놀려대는 철없는 반 친구들 때문에 화가 나서 씩씩거리며 돌아오곤 했다.

어느 날 순영이 학교에서 돌아와 가방을 내려두고 숨을 돌리고 있는데 건너편 할아버지 방에서 자꾸만 쿵쿵 문 두드리는 소리가 났다. 그럴 때 할아버지 방으로 가보면 대부분 찌그러진 양은 주전자와 동전 몇 개를 건네받으며 막걸리 심부름을 하곤 했다.

그날도 순영은 당연히 막걸리 심부름이겠거니 하고 할아버지 방으로 갔다. 그러나 예상과 달리 할아버지는 방문에 몸을 반쯤 걸친 채로 힘겹게 무언가를 말하려고 하셨다. 순영은 할아버지 입에서 나오는 소리를 알아들을 수 없었다. 자세히 보니 할아버지의 입 주변이 숯처럼 까맣게 타 있었고 끙끙 앓는 소리만 들렸다. 할아버지는 방문 앞에 놓인 농약병을 가리키고 계셨다. 그 자리에서 몸이 굳어버린 순영은 무슨 일인지 정확히 이해할 수 없었지만 누군가의 도움이 필요하다는 생각이 들었다. 순영은 연락할 길이 없던 부모님 대신 멀리 대전에 사는 막내 고모에게 전화를 걸어 사정을 이야기했고, 고모의 말씀대로 이웃집에 도움을 청해 할아버지를 병원에 모셔갈 수 있었다. 그러나 이미 농약으로 식도며 위까지 손상되어 가망이 없다는 의료진의 얘기를 듣고 할아버지를 다시 집으로 모셔올 수밖에 없었다. 할아버지는 자식들이 모인 가운데 막내 고모가 얼굴과 손을 닦아드리자 아무런 말씀도 없이 스르르 눈을 감으셨다. 순식간에 할아버지의 장례식이 치러졌다. 엄마는 순영에게 무서웠을 텐데 대단한 일을 해냈다며 칭찬해주셨다. 엄마의 말로 인해 충격적이었을 할아버지의 죽음을 순영은 그다지 크지 않은 사건으로 받아들였는지도 모르겠다. 그러나 그 후로도 오랜 시간 동안 할아버지의 까맣게 탄 입 주변과 순영의 도움을 청하던 그 모습이 기억 속에 생생히 남았다.

할아버지는 왜 그렇게 스스로 생을 마감하려고 하셨을까? 순영의 할아버지는 가부장적 시대를 살아온 전형적인 한국 남성으로 남아 선호 사상을 몸소 실천하신 분이었다. 할아버지의 사랑은 온전히 순영의 오빠와 남동생의 차지였고, 꾸지람과 꿀밤 그리고 심부름은 늘 언니와 순영의 몫이었다. 맛있는 것이 생기면 할아버지는 늘 남동생부터 챙겼고, 고모나 작은아버지가 주시는 용돈은 할아버지 방 장판 밑에 고이고이 숨겨두었다가 남동생 간식을 사는 데 쓰시곤 했다. 할아버지는 아흔이 넘은 나이에도 안아주고 업어주며 아끼던 손자가 아프다는 것을 견디지 못하고 결국 스스로 목숨을 끊는 일을 선택하고 만 것이었다.

그 일은 전혀 사소하지 않습니다

엄마, 차가운 주검이 되어 돌아오다

순영이 제일 싫어하는 국사 시간이었다. 교실 문이 드르륵 열리며 담임선생님께서 집에 빨리 가보라고 하셨다. 후다닥 가방을 챙겨 내려가니 1층 로비에 언니 진영이 가방을 들고 나와 있었다. 둘은 누가 먼저라고 할 것도 없이 집까지 쉬지 않고 달렸다. 집 앞에 다다랐을 때 이웃집 아주머니가 순영과 진영을 붙들고 불쌍하다며 엉엉 울었다. 엄마가 교통사고로 돌아가셨다고 했다. 아무 생각도 나지 않았다. '지금 도대체 뭐라고 하는 거야?' 믿을 수가 없었다. 아니 무슨 말인지 도무지 알 수가 없었다. '엄마가 왜?'

집으로 들어가니 막내 병철이 혼자 있었다. 진영은 병원에 가야 한단다. 순영과 병철에게도 함께 갈 거냐고 물었다. "싫어. 무서워" 순영은 병철과 꼭 끌어안고 알 수 없는 공포심에 휩싸여 벌벌 떨며 이불을 뒤집어썼다.

밤이 되어서야 집에 모두 모여들었다. 병원에서 아버지와 함께 진영도 돌아왔고 서울에서 대학에 다니던 오빠 병현도 왔다. 명절에나 만나던 작은댁 식구들, 고모들, 외가댁 식구들까지 순영이 아는 모든 사람들이 집으로 모였다. 엄마도 왔다. 차가운 주검이 되어 엄마도 함께 왔다. 아침에 일을 나갔던 엄마는 술에 취한 운전자의 트럭에 치여 그 자리에서 죽었다고 했다. 순영은 자신이 아는 모든 욕을 다 해주고 싶었다. 아니 그 인간을 잡아 죽여도 시원치 않을 것 같았다.

그렇게 할아버지 장례식을 치른 지 몇 달 되지도 않아 순영은 엄마의 장례식을 치러야 했다. 무섭다고 바들바들 떨던 순영은 엄마의 염을 한다기에 그 옆으로 다가갔다. 작은어머니는 어린 순영이 걱정되어 보지 말라고 했지만 순영은 그 자리를 지켰다. 엄마의 마지막이니까, 이제는 다시 볼 수 없을 얼굴이니까. 장례식 동안 모두들 4남매를 붙들고 울었다. "이제 어떡하니. 이제 어쩌니. 불쌍한 것들……"이라며 모두 같은 말을 했다.

잠을 잤는지 밥을 먹었는지 머릿속에 무슨 생각을 하고 있었는지 아무것도 알 수 없었다. 붕 떠버린 듯한 3일이 지나고 장지로 향하는 영구차에 올라탔다. 엄마의 관이 차가운 땅속으로 들어가고 사람들이 차례로 삽을 들어 흙을 쌓았다. 순영은 쏟아지는 눈물을 참을 수가 없었다.

평평하던 땅에 엄마의 무덤이 생겼다. 순영의 가슴속에도 돌무덤처럼 묵직한 엄마의 자리가 생겼다. 사람들은 모두 제자리로 돌아가고 순영의 가족도 제자리로 돌아왔지만 이전과는 다르게 모든 것이 낯설기만 했다. 같은 공간이지만 너무 다르게 느껴졌다. 엄마의 부재가 이미 익숙한 아이들이었지만 그것과는 또 다른 공허함과 적막함을 느꼈다.

직장이 없어도, 자식들에게 떳떳할 게 없어도, 늘 당당하고 권위적이던 아버지가 무너졌다. 아버지의 눈에서 눈물이 멈추지 않았다. 퉁퉁 부은 눈과 시뻘게진 코, 눈물로 얼룩진 얼굴로

그 일은 전혀 사소하지 않습니다

절망스러워하던 아버지. 그래서 아이들은 더 이상 울 수조차 없었다. 순영은 그렇게 자기의 감정을 억누르는 법을 배워가고 있었다. 절망에 몸부림치는 아버지를 견디기 위해서 눈물을 참고 또 참았다. 불쌍한 눈으로 자신을 바라보는 시선들을 견디기 위해서 아무렇지 않은 척, 강한 척 연기해야 했고 늘 집에서, 아버지에게서, 아픈 동생에게서 벗어나려고 애썼다.

아내가 죽자 순영의 아버지는 아내 생각이 나서 그 집에서는 도저히 살 수가 없다며 원래 외삼촌의 집이었던 순영네 집을 돌려주었다. 아내의 보상금으로 멀지 않은 곳에 작은 집을 구하고 동네 고깃집을 운영하기 시작했다. 그렇게 순영의 엄마는 죽어서까지 가족의 먹고살 일을 해결했다.

순영은 집이 답답하고 싫었다. 반항하고 싶었다. 순영이 할 수 있는 반항이라고는 공부 핑계로 주말에 늦게 집에 들어가는 것뿐이었다. 하지만 집에 들어가지 않고 할 수 있는 일이라고는 고작 놀이터에서 그네를 타는 일밖에 없었다. 그것으로나마 답답한 마음을 풀곤 했다.

한번은 주말에 약속이 있던 아버지가 순영에게 가게를 보라고 했는데 순영이 밤 10시가 되어서야 가게에 나타났다. 다짜고짜 순영에게 달려든 아버지는 닥치는 대로 폭력을 휘둘렀다. 순영은 너무나 아프고 무서워 차가운 타일 바닥에 기절한 척 넘어졌다. 아버지는 차가운 목소리로 어이없다는 듯이 '어쭈' 한마디를 내뱉으며, 찬 물을 받아다가 휙 하고 순영에게 부어버렸다. 순영은 절망감에 치를 떨었다.

순영은 더 이상 살고 싶지 않다는 생각을 하며 집으로 향했다. 머릿속으로 자살에 대한 온갖 상상을 하며 약국 앞에 다다랐다. 흐르던 눈물을 닦고 애써 태연한 표정을 지으며 요즘 잠이 통 오질 않는다며 수면제를 샀다. 여러 약국을 돌아다니며 모은 수면제 40알 정도를 가지고 집으로 돌아와 입에 털어 넣었다. 다음날 순영은 아무 일도 없었던 듯이 그대로 일어났다. 그리고 실제 순영의 자살 시도는 아무도 모르는 채로 무심하게 지나버렸다. 마치 세상이 자신을 조롱하는 것 같았다. 너무나도 무겁게 느껴지는 내 삶의 무게를 아무도 알아주지 않고 아무도 돌봐주지 않는다는 사실에 한동안 화도 났지만 그런 분노 역시 소용없는 일이라는 것을 순영은 알게 되었다.

동생, 엄마 곁으로 떠나다

그렇게 평범하지 않은 고교 시절을 보내는 동안 순영의 동생 병철은 몇 차례 입원과 퇴원을 반복했다. 어느 날 순영은 학교에서 돌아오는 길에 같은 성당에 다니는 오빠에게서 병철의 죽음을 전해 들었다. 며칠 전부터 부쩍 컨디션이 좋지 않았던 병철이었다. 밥도 잘 넘기지 못하고 소고기 미역국에 밥을 넣어 끓인 죽만 겨우겨우 넘기던 병철은 갑자기 엄마 생각이 났는지 갓

그 일은 전혀 사소하지 않습니다

대학생이 된 큰누나 진영에게 물었다. "누나, 젖 만지면 안 돼?"
엄마가 살아 계실 때는 바쁜 엄마에 대한 그리움을 보상받으려
는 듯 틈날 때마다 엄마의 가슴 만지기에 열심이던 병철이었다.
진영과 순영은 갑작스런 남동생의 요청에 황당하기도 하고 부
끄럽기도 해서 안 된다며 웃고 넘겼는데 병철은 진심이었는지
눈빛이 너무나 애절하고 슬퍼 보였다.

마지막 밤 병철은 숨소리마저 거칠었다. 꺽꺽거리는 숨소
리에 어쩌면 모두들 병철의 죽음이 임박했음을 느꼈는지도 모
르겠으나 아무도 그 사실에 대해 이야기하지 않았다. 가망이 없
음을 알았던 순영의 아버지도 막내아들의 죽음을 받아들이기로
하신 것 같았다.

어린아이의 죽음에는 장례식이 없다. 보통은 화장을 한다
고 하는데 아버지는 막내아들을 뜨거운 불에 두 번 죽이는 것
같다며 한사코 거부했다. 대신 엄마의 산소 옆에 작은 무덤을
만들어주었다. 엄마가 없어 제대로 사랑받지 못하고 어린 나이
에 세상을 떠난 병철이었다. 동생의 죽음은 엄마의 죽음과는 또
다른 상처로 순영의 가슴에 남았다. 순영은 그래도 병철이 엄마
를 만났으리라 생각하며 스스로를 위로했다.

당당하고 행복했던 시절, 한 남자를 만나다

4년의 대학 시절과 5년의 직장생활을 거치며 순영의 삶도 안정을 찾아갔다. 스무 살이 되어 식품영양학과에 진학했다. 순영의 성적으로는 서울에 특별전형으로 유일하게 갈 수 있는 곳이 ○○대학교 식품영양학과였다. 집에서 가까운 곳을 피해 언니 오빠가 있는 서울로 대학을 가고 싶은 순영의 의지였다. 시골을 떠나, 아버지 곁을 떠나 자유롭게 즐기는 대학생활이 순영에게는 새로운 세상이었다. 평범해 보이는 삶을 살 수 있다는 행복감도 맛보았다.

대학 졸업 후 바로 갖게 된 영양사라는 직업은 다행히 적성에도 맞았고 보람도 있었다. 무엇보다도 아버지에게서 독립해 스스로 번 돈으로 먹고 싶은 것, 사고 싶은 것을 눈치 보지 않고 마음껏 누릴 수 있다는 데서 큰 행복감을 느꼈다. 스스로 할 수 있는 게 아무것도 없던 삶이었는데 이제 자신의 삶을 주도하고 직장에서 인정받으며, 본인만이 할 수 있는 일을 하며 살 수 있었다. 순영은 그 사실 하나로 행복했다. 힘든 유년기와 사춘기를 보냈지만 이제는 평범하고 당당하게 살고 있다는 사실이 순영에게는 삶의 의지가 되었다. 이 시기가 순영의 인생에서 가장 당당하고 행복했던 시절이었다고 생각한 것은 한참 후였다.

어느 날 대학 친구 민희로부터 연락이 왔다. 순영도 알고 있는 민희의 고교 동창 미순이 본인의 오빠를 순영에게 소개시

그 일은 전혀 사소하지 않습니다

켜주고 싶어 한다며 의사를 물어왔다. 만나고 있는 사람도 없었으니 안 될 것도 없었다. 그렇게 시작된 만남으로 순영은 인성과 교제를 시작했다. 만나기 시작한 지 얼마 되지 않았지만 결혼 적령기의 그들은 서둘러 집안 어른들에게 인사하고 왕래하기 시작했다. 순영은 인성의 어머니를 일찍 돌아가신 엄마 대신이라 생각하며 따르고 좋아했다. 인성의 어머니 요청대로 어머니가 자신의 아들에게 해주듯 인성을 챙겨주고 보살폈다. 인성역시 사랑해서라기보다는 자신의 어머니와 잘 지내는 순영을 마음에 들어 했다.

만나고 6개월쯤 지났을 무렵 인성 어머니의 권유로 상견례를 하고 결혼식 날짜까지 잡게 되었다. 그 무렵 그들은 부쩍 다툼이 많아졌다. 결혼 준비를 시작하며 들뜬 순영과 달리 인성은 모든 준비를 귀찮아했다. 평소에도 그는 약속에 늦거나 갑작스레 약속을 취소하는 일이 많았다. 그럴 때마다 상황 설명을 제대로 해주지 않고 얼렁뚱땅 둘러대며 넘어가기 일쑤였다. 그러다 말다툼이라도 시작되면 인성은 소리를 지르거나 자리를 피했다. 순영은 다른 사람들도 다 그렇게 만나려니 생각했다. 순영이 인성에게서 이상한 점을 느낀 것은 시간이 조금 더 지나 인성의 집에 드나들면서부터였다. 인성의 어머니는 순영에게 늘 강조했다. 인성이 욱하는 성질 하나만 없으면 너무 좋은데 한번씩 그럴 때가 있으니, 그럴 때는 굳이 건드리지 말고 그냥 피하라는 것이었다. 인성의 방문에는 인성의 욱하는 성질 때문에 생긴 주먹 크기의 움푹 파인 홈이 있었다.

어느 날 인성은 주말에 갑자기 회사에 가야 한다며 순영과의 약속을 취소했다. 할 일이 없어진 순영은 인성의 어머니와 식사를 하려고 인성의 집에 갔다. 그런데 회사에 간다던 인성은 텔레비전 앞에 누워 빈둥거리고 있었다. 순영은 너무나 당황했지만 아무 말도 할 수 없었다.

사건이 일어난 그날은 결혼 준비로 순영과 인성이 함께 외출한 날이었다. 출발하면서 시작된 말다툼으로 결국 목적지에는 가지도 못한 채 또다시 인성이 먼저 자리를 피했다. 늘 반복되는 인성의 게으름과 거짓말에 인내심의 한계를 느낀 순영은 인성을 찾아갔다. 평소 같으면 그의 어머니 말대로 인성이 욱해 있는 순간을 그냥 지나쳤겠지만 이제 악에 받친 순영도 인성과 맞섰다. 몇 시간 동안 지속된 싸움이 극에 달한 그들은 사람들이 쳐다보고 있는 것에도 아랑곳하지 않고 큰 소리로 싸우기 시작했다. 어느 순간 인성은 인적이 드문 골목으로 순영을 끌고 가서 목을 조르며 소리 질렀다. 순영은 그의 행동에 수치심과 공포를 느꼈다. 집에 돌아와 거울을 보니 눈물로 얼룩지고 퉁퉁 부은 얼굴, 목 주변에 벌겋게 남은 인성의 손자국과 손톱에 긁힌 상처가 보였다.

'도대체 나를 이렇게 심판하고 벌할 권한을 누가 그에게 주었나?' 비참한 기분에 몇 날 며칠을 앓았다. 바닥까지 드러낸 그들의 관계는 더 이상 회복이 불가능했다. 그럼에도 모녀지간

그 일은 전혀 사소하지 않습니다

처럼 지내고 싶었던 인성의 어머니에 대한 아쉬움, 평범하고 완전한 가정의 울타리를 갖고 싶었던 소망의 좌절은 순영을 한동안 아프게 했다. 처음으로 자신을 당당하게 살게 해준 직장도 그와 결혼하겠다고 그만둔 상태였다. 그와의 만남 때문에 친구들과의 관계도 소원해진 터였다. 이제 순영에게는 남은 것이 아무것도 없는 것만 같았다.

스물아홉, 어학연수를 떠나기에는 늦은 나이 같았지만 어려운 환경 탓에 그 흔한 해외여행 한번 가보지 못한 자신을 위해 그리고 폭풍처럼 휘몰아치고 간 악몽을 떨쳐내기 위해 순영은 휴식 겸 도피를 감행했다. 자신의 마음처럼 차갑고 어두운 한국을 떠나 호주로 향했다. 자신의 고난과 지난 세월을 아는 사람이 아무도 없는 곳으로 가면 마치 자신에게 아무 일도 일어나지 않은 것처럼 될 것 같았다. 열 살 가까이 차이 나는 친구들과 함께 공부하고 어울리는 동안, 정말로 조금씩 한국과 한국에서의 지난 일들이 잊혀져가는 듯했다.

다정다감한 그와 사랑에 빠지다

누군가 순영에게 물어왔다. "이상형이 어떻게 되나요?" "성격이 강하지 않은 사람이요." 예전에는 키는 어떻고 눈은 어떻고 나이는 어떻고 할 말이 많았는데 이제는 인성 같은 사람만 아니면 될 것 같다고 느꼈다. 그곳에서 순영은 운명처럼 지금의 남편을 만났다. 순영의 남편 용준 역시 늦깎이 유학생이었다. 같은 그룹으로 만나 같이 공부하고 같이 밥 먹으며 순영과 용준은 자연스럽게 친해졌다. 용준은 유쾌한 사람이었다. 처음 가보는 곳에 대한 두려움도 없었고 낙천적이었으며 늘 걱정 많은 순영과는 달리 뭐든지 일단 시작하면 가능하다고 믿는 사람이었다. 하지만 순영은 용준이 그저 편한 친구처럼 느껴질 뿐이었다. 무엇보다 인성으로 인해 마음에 상처를 입은 터라 다른 누군가를 만날 여유가 없었다.

용준이 술에 잔뜩 취한 어느 날, 그는 순영의 의사와 상관없이 그녀를 끌어안았다. 당황스럽고 불쾌했던 순영은 그 후로 용준을 멀리했지만 그럴수록 용준은 순영에게 더욱 헌신적으로 대했다. 늘 자신의 목소리에 귀 기울이고 있는 용준에게서 순영은 인성과는 다른 온화함을 느꼈다. 간혹 이유 없이 짜증을 내는 자신의 모습에도 용준은 먼저 미안해하고 사과했다. 누구도 보살펴주는 이 없는 삶이었는데 용준은 순영의 끼니를 챙기고 그녀의 기분을 살피고 '우리 아기'라 부르며 보살펴주었다.

호주에서 지금껏 누려보지 못한 여유로움과 행복을 만끽하며 순영은 너무나 빨리 용준과 사랑에 빠져버렸다. 만난 지 두 달 만에 결혼하기로 결정하고 백일쯤 지났을 무렵 결혼식을 올렸다. 주변에서 다들 말리는 결혼이었다. 성급한 결정으로 보인 데다가 두 사람 다 직장도 없이 어학연수 중이어서 경제적으로

그 일은 전혀 사소하지 않습니다

안정되어 있지 않았기 때문이었다. 하지만 그야말로 콩깍지가 제대로 씌인 순영의 귀에는 주변의 걱정스런 말들이 서운하게만 느껴졌다. 오로지 자신을 사랑해주고 아껴주는 용준만을 믿을 뿐이었다.

결혼식을 마친 순영과 용준은 미국으로 가는 비행기에 몸을 실었다. 계획대로 어학연수를 계속하기 위해서였다. 하지만 결혼은 현실이라고 했던가? 결혼 후 첫 두 달은 크고 작은 싸움의 연속이었다. 30년간 서로 다른 삶을 살아온 둘 사이에 연애 기간은 고작 3개월에 불과했으니 당연한 일이었다. 어디로 장을 보러 갈지, 학교는 걸어갈지 버스를 타고 갈지, 밥은 해먹을지 외식을 할지…… 한국으로 돌아가겠다며 순영이 짐을 싼 것도 수차례였다. 그렇게 계속되던 둘의 싸움은 순영이 첫아이를 임신하며 멈췄다. 용준은 순영이 임신한 것을 알게 되었을 때 눈물을 흘리며 감격했고 그 후 모든 싸움에서 늘 미안하다는 말로 순영의 기분을 풀어주려 노력했다. 용준의 사과로 더 이상의 큰 싸움 없이 신혼 기간을 보냈다.

전혀 예상하지 못했던 남편의 폭력

둘의 싸움은 첫아이 출산 후 다시 시작됐다. 아이를 가진 엄마들은 누구나 하는 일이라지만 한 생명을 돌본다는 것이 순영에게는 너무나 버거웠다. 먹는 것부터 자는 것까지 한 인간의 모든 기본 욕구들을 자신이 충족시켜주어야 한다는 것, 하루도 깨지 않고 푹 잘 수 있는 날이 없다는 것, 가까운 곳조차 남편 없이는 외출이 불가능하다는 것, 이 모든 것들이 첫아이를 홀로 돌봐야 하는 순영에게는 우울한 일이었다. 남편이라도 집에 와야 아이에게서 잠시나마 벗어날 수 있으니 하루 종일 남편의 퇴근시간만 기다렸다.

그렇게 산후 우울증으로 힘들어하던 6개월이 지났다. 다른 사람들이 보기에 순영은 누구나 부러워하는 남편을 가진 여자였다. 남편의 인물이 잘나서도 아니었고 경제력이 뛰어나서도 아니었다. 그저 아내의 뜻이라면 무엇이든 들어주고, 신경질적이고 예민한 그녀가 우울하거나 화라도 낼라 치면 잘못한 일이 없어도 미안하다고 달래주는 그런 남자였기 때문이었다. 부부 동반 모임에 나가면 순영의 친구들은 하나같이 "결혼 정말 잘했다. 누가 너같이 성격 까칠한 아내를 저렇게 잘 대해주며 살겠냐?"라며 순영의 남편을 칭찬했고, 친구의 남편들은 그렇게 혼자만 잘하면 비교된다며 순영의 남편에게 핀잔을 주곤 했다. 알뜰살뜰한 남편은 술값이나 카드빚으로 속 썩이는 일도 없었다. 주말에도 늘 먼저 일어나 장을 보고 아침식사를 준비해놓았으며 아이들과 함께 동물원이며 공원에 가는 일에도 게으름을 피울 줄 모르는 사람이었다. 그런데 순영의 남편도 한번씩 감정이 폭발하는 순간이 있었다.

그 일은 전혀 사소하지 않습니다

결혼 후 1년쯤 지났을 때였다. 1년간의 미국 어학연수를 마치고 한국으로 돌아온 지 얼마 되지 않았을 때, 시어머니가 시댁 친척을 순영의 집에 초대하고 싶어 하셨다. 백일도 안 된 아이와 하루 종일 씨름하며 몸조리도 제대로 하지 못한 초보 주부 순영은 부담스러웠다. 더군다나 시댁에서 치를 손님을 자신이 떠맡는 것이 내키지 않았다. 용준에게 거부의사를 표시한 후 둘의 말다툼이 격해졌다. 그러다 용준은 방 안에 있던 선풍기를 들어 바닥에 내리치고 자신의 머리를 벽에 찧으며 순영에게 소리를 질러댔다. 남편의 분노를 예상할 수 없었던 순영은 아무것도 할 수 없었다. 늘 미안하다는 말로 싸움을 마무리하던 남편이 이번에는 큰 눈을 더 크게 부라리며 "병신 취급하지 마라. 너 때문에 회사에서도 집에서도 나는 병신이 되었다"라고 말했다. 순영은 어이가 없었지만 윽박지르는 남편이 너무나 낯설고 무서워 눈조차 마주치지 못하고 벌벌 떨며 눈물만 흘렸다. 용준은 그렇게 순영과 백일도 되지 않은 딸아이를 공포심에 휩싸이게 하고는 밖으로 나가버렸다.

그날 밤, 사건이 터졌다

그 후에도 몇 번인가 싸움이 있었지만 대부분 용준의 사과로 넘어갔다. 겉으로 보기에는 남다르지 않은 삶이었다. 여느 부부처럼 두 아이를 키우느라 버둥거리고 두 아이를 위해 열정을 불태우며 두 아이에게 초점을 맞추고 살았다. 그 무렵 순영은 모교 교수님의 권유로 연구 조교 일을 시작하면서 대학원 입학을 계획하고 있었다. 막연하게나마 강단에 서는 자신의 모습을 그려보기도 했다.

그러던 중 갑자기 용준이 베트남으로 발령이 났다. 배울 것과 즐길 것이 많았던 미국에서도 순영은 늘 한국을 그리워하고 친구들과 가족들을 그리워했다. 그런데 베트남이라니…… 시작도 하기 전에 거부감을 먼저 느꼈지만, 대한민국 여느 여성들이 그렇듯이 가장인 남편의 일과 사회적 지위를 위하여 자신의 꿈과 거부감은 접어두기로 했다. 순영은 그렇게 다시 타국 생활을 하게 되었다.

예상대로 베트남에서의 삶은 녹록지 않았다. 한국에 비해 생활환경이 전반적으로 뒤처져 있었다. 유일하게 의지할 대상이었던 남편조차도 회사에 몸 바쳐야 하는 상황이었다. 결국 가정의 모든 결정과 문제 해결은 순영의 몫이 되었다.

그러던 중 사건이 터졌다. 어느 날 아이가 아프기 시작했다. 큰아이가 고열에 시달린 지 닷새가 지났다. 남편은 그중 이틀은 다른 지역에 출장을 가서 밤늦게야 들어왔고 3일째는 회식이 있다며 아이들이 잠든 후에야 집으로 돌아왔다. 고열과 구토에 시달리는 딸아이를 해열제 하나로 버티게 한 지 3일째 되던 날, 내일은 꼭 병원에 가야겠다고 회사에 이야기하라며 다그

　　그 일은 전혀 사소하지 않습니다

치는 순영에게 남편은 난감한 표정으로 한국 본사에서 사장님이 오셔서 그럴 수 없다고 했다. 다음날 저녁이 되어서야 남편에게서 전화가 왔다. "미안한데 오늘 사장님이 오셔서 전체 회식이야. 늦지 않게 갈게. 최대한 빨리 갈게."

화가 머리끝까지 났지만 남편이 일부러 그러는 게 아니라는 것을 알기에 순영은 애써 마음을 추슬렀다. 대신 아이가 잠들기 전에 전화를 해달라고 부탁했다. 일곱 살이 된 딸아이는 잔소리를 달고 사는 엄마보다 항상 원하는 대로 잘해주는 아빠를 더 좋아했다. 평소에도 아빠 옆에 누워서 등 긁어달라 다리 주물러달라 부려 먹으며 잠들곤 했다. 순영 딴엔 좋아하는 아빠 얼굴도 보지 못하고 며칠 동안 고열에 시달린 딸에게 위로 전화라도 해달라는 부탁이었다. 그러나 아이들에게 저녁을 해 먹이고 목욕까지 시켜 잠자리에 눕힐 때까지 남편은 감감무소식이었다. 아이에게 전화기를 주고 아빠에게 전화를 걸도록 했는데 시끌시끌한 가운데 남편의 목소리가 들려왔다. "아빠가 조금 있다 전화 걸게."

획 전화기를 낚아챈 순영이 다짜고짜 소리를 질렀다. "애들 잘 건데 언제 전화를 한다는 거야? 전화 통화 5분도 못해?" 순영은 며칠 동안 쌓인 불만을 터뜨렸다. 집안일에 무관심한 남편이 미웠고, 전화기 너머의 떠들썩한 소리들과 섞여 있는 남편에게 배신감이 들었다. 순영은 화를 참을 수 없었다. 남편은 갑작스레 화를 내는 순영이 이해가 되지 않았다. 서로 자기의 힘든 상황만을 이야기하며 상대방을 원망하던 순영과 남편의 싸움은 남편이 전화기를 꺼버리며 잠시 중단됐다. 화를 낼 대상마저 없어진 순영의 분노는 더 커져만 갔다. 꺼져 있는 남편의 휴대전화에 원망 섞인 메시지를 남겼다.

며칠 동안 혼자 끙끙대며 아픈 아이를 돌봐야 했던 일, 병원 시설이 열악해 아픈 아이를 그저 약으로 버티게 할 수밖에 없었던 일이 순영을 힘들게 했다. 친구도 가족도 없이 의지할 데라고는 오로지 남편과 자식들뿐인 삶을 살아야 했던 지난 1년 반 동안의 타국 생활에 대한 억울함이 밀려왔다. 누군가 알아주길 원해서 한 일들은 아니었지만 한순간 그 모든 일들이 가치 없는 무의미한 일로 변해버렸다. 오로지 이 세상에 자기 혼자만 내던져진 듯한 기분이었다. 그러나 순영이 보낸 메시지에 남편 역시 화를 참지 못했고 태도도 될 대로 되라는 식이 되었다. 술을 진탕 마시고 늦게 들어가겠다는 것을 마지막으로 연락이 끊겼다. 늦은 밤 들어온 남편과 순영은 할 말이 많은 듯했지만 약속이라도 한 듯 서로 한마디 말도 없이 입을 꾹 다물었다. 다음날도 그 다음날도 속에 있는 이야기는 한마디도 꺼내지 않았다.

또다시 남편이 회식으로 늦던 밤, 전화 통화할 때만 해도 그렇게 취한 목소리가 아니었는데 남편은 몸도 제대로 가누지 못하며 들어와서는 웩웩거리며 화장실로 들어갔다. 화장실에서 나온 남편이 벌러덩 누워 팬티 바람으로 코를 골며 잠든 모습을

그 일은 전혀 사소하지 않습니다

보고 있자니 순영은 화가 치밀어 올랐다. 남편의 옷과 가방을 정리하는데 술값을 계산한 영수증이 있었다. 영수증에 적힌 금액이 회식비라기엔 너무 적은 돈이었다. 게다가 짠돌이 남편이 회식 자리에서 술값을 계산할 리도 없었다. 그러고 보니 회사 회식엔 늘 기사 딸린 회사 차가 남편을 집까지 데려다주곤 했는데 택시를 타고 들어왔다는 것도 이상했다. 이쯤 되니 순영의 머릿속엔 이런 생각이 들었다. '아, 개인적인 술자리였구나. 지칠 대로 지친 내가 아이들과 씨름하는 동안 혼자 신나서 술 마시고 다녔다는 거지?'

순영은 자는 남편에게 영수증을 들고 가 깨우며 추궁하기 시작했다. 잠이 안 깬 듯 성의 없이 대꾸하던 남편은 순영의 계속되는 추궁에 갑자기 벌떡 일어났다. 인사불성으로 취해서 전혀 움직이지 못할 것 같던 남편은 어디서 그런 기운이 났는지 갑자기 소리를 지르며 순영을 위협하기 시작했다. 거실에 세워져 있던 빨래 건조대를 바닥에 수차례 내려치더니 그것만으로는 화가 풀리지 않았는지 건조대를 두꺼운 식탁 유리 위로 내던졌다. 유리 파편이 사방으로 퍼졌다. 남편은 더욱더 소리를 지르며 식탁을 아예 엎어버리는 등 난동을 멈출 기미를 보이지 않았다. 겁에 질린 순영에게 달려든 남편은 순영의 목을 조르며 말했다. "더 추궁해봐. 왜 아무 말도 못해?" 이번에는 순영의 머리채를 잡아 쥐고 벽에 수차례 머리를 찧게 했다.

바로 지금 일어나고 있는 일이었지만, 순영은 눈앞의 그 상황을 믿을 수가 없었다. '늘 미안하다고만 하던 남편 아닌가?' '잔소리 좀 할 수도 있는 상황 아닌가?' 한밤중의 소란에 잠들 었던 큰아이가 거실로 나왔다. 순영은 큰아이를 안아들고 방으로 도망쳤다. 문을 걸어 잠갔는데 남편이 뒤따라와 문을 열라고 소리쳤다. 겁에 질린 순영과 영문을 모르는 아이는 서로 끌어안고 울었다. 남편의 분노는 쉽게 사그라지지 않았다. 마구 문을 두드리며 포기하지 않는 남편을 향해 자포자기의 심정으로 순영이 문을 열고 나갔다. 순영을 끌고 간 남편은 또다시 자신을 병신 취급한다며 순영을 옥박지르기 시작했다.

순영의 머릿속이 하얘졌다. 그저 눈물만 하염없이 흘러나 왔다. "무서워"라고 말하는 순영에게 남편이 말했다. "나 똑바로 봐. 내가 누군 줄 알아? 네 남편이야." 남편은 자신의 행동을 부정하듯 자꾸만 순영에게 다른 누군가와 착각하지 말라는 말을 했다. 그렇다. 남편은 결혼 전 순영의 과거를 알고 있었다. 그 남자가 순영에게 폭력을 휘두른 사실도 대략 알고 있었다. 결혼생활 내내 그 사실을 언급하지 않았지만 위기의 순간에 남편은 순영의 과거를 들먹이며 자신의 폭력을 묻어 가려고 했다. 공포심에 가득 차 떨던 순영은 남편의 비열한 행동에 순간적으로 화가 치밀어 올랐다.

"네가 내 목 조르고 벽에 머리 박았잖아." 순영이 말했다. 남편은 말없이 한참을 서 있더니 순영에게 다가와 달래려는 듯 어깨를 감싸려 했다. 매몰차게 밀어내는 순영에게 "나 싫지? 나

그 일은 전혀 사소하지 않습니다

랑 살기 싫지?"라며 물었다. 팬티 바람에 술 냄새를 풍기며 자신에게 폭력을 휘두른 남자가 물어오는 어이없는 질문에 순영은 입을 닫아버렸다. 그 순간에 그런 행동을 한 인간이 싫지 않을 수 있을까? 이번에는 둘째아이까지 합세해 엄마를 구하러 나왔다. 조금은 진정된 남편이 방으로 들어가라고 허락하자 겨우 두 아이와 방으로 들어갈 수 있었다. 아이들과 함께 침실에서 방문을 걸어 잠근 채 울다 지쳐 잠이 들었다.

아침이 밝았다. 방문이 덜컥거리는 소리가 한 번 들렸다. 남편이 회사로 출근한 후에야 방 밖으로 나온 순영은 어젯밤 난리가 난 상태 그대로의 거실을 보고는 다시 한 번 절망했다. 더이상은 그곳에서 숨 쉴 수 없었다. 그 수치스럽고 기억하기 싫은 일들을 되뇌며 스스로 거실을 치운다는 것도 받아들일 수 없었다. 점점 더 숨이 막히고 답답해 가슴이 터질 것만 같았다. 부랴부랴 짐을 싸고 무작정 공항으로 향해 한국행 비행기에 몸을 실었다. 두 아이는 한국에 간다니까 할머니도 만나고 이모도 만나겠다며 들떴다. 비행기 창에 비친 퉁퉁 부은 자신의 얼굴을 보며 순영은 비참함에 또다시 눈물을 흘렸다.

어떤 것도 폭력을 정당화할 수 없다

가정폭력 피해자 보호시설인 오래뜰이라는 곳에 가게 되었다.

"어떤 것도 남편의 폭력을
정당화할 수 없습니다.
폭력은 어떠한 경우에도
이해해서는 안 되는 일입니다.
순영님 잘못 아니에요."

가정폭력 상담전화를 통해 소개받은 곳이다. 그곳에 들어서는
순간 순영은 쏟아지는 눈물을 참을 수가 없었다. '내가 어쩌다
가 이런 곳까지 오게 되었나?' 누군가 안타까움에 한마디 던진
다. "저렇게 예쁜 애들이 있는데 어떻게 그러나. 쯧쯧." 그렇다.
이곳은 모두 남편에게 폭력을 당한 아내와 아이들이 남편을 피
해 지내는 곳이다. 남편이 알고 있는 가족들, 친구들과는 연락
을 할 수도 없었다. 어디에 가서도 자신의 주민등록번호 열세
자리를 밝히면 안 된다. 순영은 이제 철저하게 숨어 지내야 하
는 사람이 되었다.

　이곳에 오기 전 남편의 반응은 또 한 번 순영에게 실망을
안겨주었다. 본인의 행동을 축소하고 싶은 것인지 폭력의 원인
을 순영에게 돌리고자 함인지 한국에 왔다는 순영에게 카드를
다 들고 갔냐며 비아냥거렸다. 그러다 태도를 바꿔 이번에는 이
왕 한국에 갔으니 맛있는 것 많이 사 먹고 푹 쉬다가 오라고 한
다. 7년 넘게 늘 내 편이라고 믿고 지냈던 남편이 이 정도밖에
되지 않는다는 사실에 실망감이 밀려왔다. 상습적인 폭력범도
최소한 한 번쯤 사과는 하고 잘못을 뉘우친다는데 순영은 미안
하다는 말 한마디를 하지 않고 대충 넘어가려는 남편의 태도를
이해할 수 없었다.

　일곱 살 큰아이는 아빠가 보고 싶다며 울고, 다섯 살 작은
아이는 밤마다 늑대가 자기를 잡아먹으러 온다며 울어댔다. 순
영은 며칠을 신경안정제와 청심환으로 버텼다. 심리 상담이 시

작됐다. 순영은 남편을 변호하고 있었다. "평소에는 남편이 절대 그런 사람이 아니다. 내가 오히려 남편의 화를 돋우는 편이다. 나는 남편을 잘 이해해주지 못하는 아내였다" 등등. 가만히 듣고 있던 상담원이 안타까운 눈빛으로 순영에게 이야기했다. "어떤 것도 남편의 폭력을 정당화할 수 없습니다. 폭력은 어떠한 경우에도 이해해서는 안 되는 일입니다. 화가 나면 자신의 분노를 말로 표현해야 하죠. 세상 모든 사람들이 자신의 분노를 폭력으로 분출하나요? 순영님 잘못 아니에요." 순간 참아왔던 눈물이 터져나왔다. 순영의 저 밑바닥으로 떨어진 자존감을 깨워주는 말이었다. 남편의 폭력을 자기 탓으로 돌리던 순영을 위로해주는 말이었다. '그래, 그건 내 잘못이 아니었어.' 나와는 전혀 상관도 없는 상담원에게서 나의 가장 가까운 사람으로부터 받은 상처를 치유받고 있었다.

상담이 거듭되는 동안 순영은 어린 시절부터 겪었던 모든 일들을 되돌아보았다. 어린 시절 지독한 가난을 겪었던 것부터 할아버지, 엄마, 동생의 연이은 죽음을 통한 여러 번의 상실 경험, 보호받을 나이에 자신을 보호해주는 이가 아무도 없었다는 것 등 순영은 가엾은 자신의 모습과 직면했다. 그리고 그것들이 현재의 삶에도 영향을 주고 있었다는 사실을 알게 되었을 때는 스스로를 향한 위로의 눈물도 흘렸다. 그동안 순영은 자신의 성격이 이해되지 않았다. 일하러 간 남편의 퇴근을 왜 그렇게 기다렸는지, 아이들의 먹거리에 왜 그렇게 열성을 쏟았는지, 그걸 제대로 하지 못했을 때는 왜 그렇게 죄책감에 시달렸는지, 아이들에게 왜 그렇게 지나치게 엄격하고 냉정했는지…… 그것은 다섯 살 때부터 사춘기까지 보호받지 못했던 순영이 남편을 통해 보호받고자 함이었음을, 어릴 적 가난으로 인해 제대로 먹지 못하고 자란 것에 대한 보상 심리였음을, 어려운 환경에서 자란 자신의 어릴 적과 비교되는 아이들의 풍족한 삶에 대한 질투였음을 상담을 통해 정리할 수 있었다.

순영은 자신의 과거를 돌아보기 전에는 그저 스스로를 인내심이 없고 짜증 잘 내는 나쁜 아내, 무서운 엄마로만 인식하고 살아왔다. 그러나 자기 안에 치유받지 못한 과거가 존재하고 그로 인해 현재의 삶까지도 영향을 받고 있었다는 걸 깨닫고 나니 스스로를 이해할 수 있을 것 같았다. 보호받지 못하고 자란 것에 대한 목마름이 여전하기에 성인이 된 지금도 아이들을 돌볼 때 부담감이 컸고, 아이들에게 정성을 쏟지 못한다고 느껴지면 과도한 자책으로 마음의 병을 키우고 있었던 것이다.

쉼터에서 보낸 한 달은 너무나 혼란스러운 시기였다. 하지만 서너 차례 상담을 거치는 동안 자신의 과거와 내면의 목소리를 직면하며 스스로를 깊이 이해하게 된 순영은 어느덧 안정을 찾아갔다. 앞으로 나아갈 방향에 대한 확고한 의지도 다지게 되었다. 아이들과 남편을 위한 결정이 아닌 자신을 위한 결정이자 계획을 세웠다. 그러나 그 계획에는 한 가지 오류가 있었는데 그것은 남편을 여전히 지나치게 믿고 있다는 것이었다.

계획의 큰 가닥은 우선 남편이 있는 베트남으로 아이들과 함께 돌아가는 것이었다. 그 첫 번째 전제는 남편이 한국으로 귀국해 부부 상담을 받으며 서로를 이해하는 것이었다. 두 번째는 공증받은 각서를 통해 약간의 보호막이라도 갖도록 하는 것이었다. 이러한 자신의 행동이 남편의 폭력이 다시 유발되지 않도록 하는 데 도움이 될 거라고 생각했다. 그리고 당분간 이 쉼터에 머물며 꾸준한 상담과 자기 성찰을 통해 자신을 사랑하는 법을 배우고 그동안 방치해 곪아 터진 마음도 치유하기로 했다.

다시 한 번 기회를 주겠다는 순영에게 남편은 고마움을 표시했다. 모든 것이 순조로운 것 같았다. 그러나 남편이 다시는 그런 행동들을 하지 않을 것이라는 믿음을 갖고 집으로 돌아가려던 순영은 남편과 통화하던 중 사소한 말다툼으로 또 한 번 크나큰 실망과 분노를 느끼게 되었다. '이런 상황에서도 나한테 화를 내? 절대로 용서할 수 없어.'

며칠 동안 끙끙 앓던 순영에게 상담원과 쉼터 선생님의 충고가 떠올랐다. '당신 남편에게는 폭력성이 있고 결국 또다시 폭력이 유발될 수 있을 것이다. 그것을 받아들여야 한다.' 부인하고 싶은 충고들이었다. 애써 모른 척하던 충고들이었다. '모든 사람이 똑같지는 않은데, 내 남편은 상습적으로 폭력을 휘두른 건 아닌데, 지금 남편은 너무나 후회하고 반성하고 있는데, 다시는 그런 짓을 하지 않을 건데……' 스스로를 위해 생각을 전환하기로 했다. 순영은 자신의 남편이 결국 최악의 상황에서는

그 일은 전혀 사소하지 않습니다

폭력을 휘두를 수도 있는 사람이라는 사실을 받아들였다. 그것을 인정하지 않고는 결혼생활에서 끝없이 좌절할 것이고, 작은 일에도 무너질 수밖에 없다는 것을 깨달았기 때문이다.

자신을 있는 그대로 받아들인다는 것

신기한 일이었다. 남편이 다시는 그러지 않을 것이라는 혼자만의 착각을 버리고 남편의 폭력 성향을 인정하자 오히려 순영의 마음은 담담해지고 편해졌다. 물론 그런 생각을 하며 남편에게 돌아간다는 것은 슬픈 일이었지만 잘 극복해낼 수 있으리라는 자신감도 커지고 있었다. 현실이 이렇다면 그 현실을 받아들이고 적극적으로 해결 방법을 찾아보리라 결심했다. 남편과 부부 상담을 통하여 관계 개선을 시작하기로 계획했고, 순영도 한국에 있는 두 달 반 동안 일주일에 두 번씩 꾸준히 개인 상담을 받기로 했다.

자신을 있는 그대로 받아들이기 전까지 순영은 늘 예민했고 자신과 가족을 괴롭혔다. 아이들에게는 둘이서 절대로 싸우면 안 되고 서로 사이좋게 사랑하며 지내야 한다고 강요했고, 하루 한 끼라도 꼭 넷이서 식사를 해야 한다고 남편에게 강요했다. 아이들의 식사를 영양소 골고루 갖추어 정성껏 차려내야 한다고 스스로에게 강요했으며 아이들을 보호한다는 명목으로 친구 관계, 선생님과의 관계도 자신이 모두 관여하려고 했다. 때로는 육아서적을 참고하며 때로는 전문가의 인터뷰를 참고하며 때로는 먼저 아이를 키워본 극성 엄마의 의견을 참고하며 자신과는 맞지도 않는 엄격한 틀을 정해놓고는 그 틀대로 생활하려고 스스로를 혹사시키고 가족들에게도 스트레스를 주고 지냈다는 것을 깨달았다.

큰아이는 유독 매니큐어 바르는 일에 관심이 많았다. 엄마의 눈을 피해 고모를 졸라 손톱에 매니큐어를 바르고 오는 날엔 순영은 가자미눈을 하고서 "너는 손을 입에 넣는 버릇이 있기 때문에 매니큐어를 바르면 절대 안 된다"며 다 지워버렸다. 한번쯤은 아이가 원하는 대로 예쁜 색 곱게 발라줄 수도 있는 일이었다. 몸에 좋은 밥상을 차렸으니 안 먹으면 안 된다며, 밥상 앞에서 꾸물거리는 아이들의 등을 찰싹 때리기도 했다. 이제 순영은 자신이 그토록 싫어하던 게으른 엄마가 되기로 했다. 아이들이 원하는 것을 너무 통제하지 않기로 했다. 엄마에게 혼이 나서 억지로 먹는 밥이 아이들에게 얼마나 도움이 될까 싶었다. 가끔은 아이들이 원하는 대로 라면도 먹이고 빵도 먹이며 스스로에게도, 아이들에게도 관대해지기로 마음먹었다. 그동안 자신이 만들어놓은 틀 안의 규칙들로 인해 제일 힘들었던 것은 그 규칙을 지키기 위해 무던히 노력하고 채찍질한 자신이었음을 이제 알게 된 것이다.

아직 순영의 고난은 끝나지 않았다. 얼마간은 남편과 조심

그 일은 전혀 사소하지 않습니다

하며 잘 지내겠지만 또다시 싸우게 될 날도 있을 것이고 언젠가는 또 다른 상실도 경험하게 될 것이며 또 다른 갈등으로 힘들어할 날이 올 것이다. 하지만 순영은 이제 현실을 회피하거나 자신의 감정을 부인하지 않을 것이다. 쓸데없는 자책으로 스스로를 괴롭히지 않을 것이며, 아이들이나 남편 때문에 자신의 감정과 자신이 하고 싶은 일들을 무조건 뒤로 미루는 일도 없을 것이다. 스스로의 감정에 충실하며 자신이 하고 싶은 일을 할 것이고 행복해질 것이다.

순영은 쉼터에서의 생활을 돌아보며 휴대전화도 인터넷도 없이 세상과 단절된 삶을 산 3개월이, 혼자만 멈추어 있는 시간 같아서 불안했던 3개월이, 앞으로의 삶에 얼마나 큰 용기와 지지가 될지 알게 되었다. 과거의 나를, 현재의 나를 이해하게 해준 소중한 시간. 스스로를 다독여 마음속 못과 돌무덤을 치워버릴 수 있게 해준 시간들. 이제 순영은 스스로를 사랑한다.

Q. 폭력을 휘두른 남편과 재결합하는 것은 쉽지 않은 결정이었을 것 같은 데요. 그렇게 결정한 이유는 무엇인지 궁금합니다.

가장 큰 이유는 아이들이 아니었을까 싶어요. 아이들이 어렸고, 또 남편은 아이들에게 좋은 아빠였기 때문에 한 번 더 기회를 주고 싶었어요. 물건을 던지는 것 이외에 실제로 저에게 손을 댄 것은 처음이기도 했고요. 제가 쉼터에서 3개월을 머무는 동안 남편도 경각심을 가졌을 거라고 믿었어요. 재결합 전에 몇 차례 받은 부부 상담도 서로를 이해하는 데 많은 도움이 되었고요.

Q. 보통 가정폭력 가해자는 폭력을 완전히 멈추는 경우가 거의 없습니다. 남편은 현재 폭력을 완전히 멈추었는지 궁금하고 폭력을 멈추었다면 어떤 노력을 했는지 궁금합니다.

쉼터에서 퇴소한 후 3년 반이 지난 지금까지는 폭력이 없는 상태입니다. 사소한 말다툼이 있어도 끝까지 가지 않고 참는 편이고, 남편도 되도록 화를 내지 않으려고 노력하는 것 같아요. 일단은 제가 쉼터에 있을 때 서로 생각할 시간을 가졌던 것이 남편에게 경각심을 주었던 것 같습니다.

그 일은 전혀 사소하지 않습니다

Q. 스스로를 어떻게 사랑하며 생활하고 있나요?

제가 하고 싶은 일은 억누르지 않고 하려고 노력해요. 한국으로 돌아와 제 일을 시작하면서 온전히 '나'로 살 수 있는 시간이 있다는 게 현재 큰 도움이 되고 있습니다.

Q. 3개월 동안 쉼터에서 지낸 경험이 지금 본인의 삶에 어떤 영향을 미치고 있나요?

사실 아주 오래된 일인 것처럼 느껴져요. 3개월 동안 쉼터에 있으면서 그간 살아왔던 제 삶에 대해, 남편과의 관계에 대해 많은 것을 생각해볼 수 있었어요. 그 시간들이 저 스스로를 이해하는 데 큰 도움이 되었어요. 처음 폭력이 있었을 때 쉼터에 가지 않고 흐지부지 그 일을 넘겼더라면 지금처럼 지낼 수 있었을까 싶어요. 그 시간 동안 계속 싸우고 그 과정에서 폭력도 있지 않았을까 싶네요. 남편과 그전에 일어난 일들을 구체적으로 이야기하지는 않지만 늘 염두에 두고 조심하면서 살고 있어요.

지금, 내일을 꿈꿀 가능성

마 리 아

그땐 내가 할 수 있는 일이 없어 보였다

'난 22년 만에 도망쳤다.' 결혼 후 나는 바보가 됐다. 남편은 아무리 노력해도 같이 살 수 없는 사람이었다. 내 능력 밖이었다. 남편은 나와 의사소통이 전혀 되지 않는 사람이었다. 그는 내 자존심을 일부러 건드렸고, 난 그럴 때마다 상처받았다. 이를테면 이런 식이었다. "가난한 집 여자를 돈까지 보태서 데려왔다니 내가 미쳤지." 결혼할 당시 집안 형편이 좋지 않았던 나에게 그가 예단 비용으로 200만 원을 주었던 것이다. 남편이 그런 말을 할 때마다 나는 정말 쥐구멍에라도 숨고 싶었다. '그래 나 가난한 집 여자 맞다. 네가 돈 보태서 내가 혼수를 해온 것도 맞다. 데려올 땐 돈까지 보태서 데려와놓고, 이제 와서는 구타하고 마음까지 갈가리 찢어놓고 있냐? 이렇게 실컷 구타하려고 데려왔냐?'라고 되묻고 싶었지만 그렇게 하지 못했다.

남편이란 사람이 어떻게 이처럼 아내의 자존심을 무참히 짓밟을 수가 있나 싶었다. 남편이 밉고, 그런 남편과 사는 나도 미웠다. 가슴이 아프고 눈물이 나고 말문이 콱 막히고 목이 아파오고 숨이 막혔다. 남편은 정말 내가 마음 아파할 말만 골라서 반복해댔다. 한번은 남편의 말에 충격을 받아 3일 동안 숨이 잘 쉬어지지 않던 때도 있었다. '이러다 숨을 못 쉬어 죽을 수도 있겠구나'라는 생각까지 들었다. 가까운 가정의학과를 찾았더니 의사는 내 병원 기록을 찾아보고는 정신과 약을 병원에서 그만 먹게 했는지 내가 결정해서 안 먹은 건지를 물었다. 이전에 정신과를 다닌 적이 있던 나는 정신과를 다니는 게 창피하고 더 이상 나에게 필요 없는 약 같아서 먹지 않았다고 했다. 임시방편으로 가정의학과에서 지어준 약을 먹었더니 정말 마음이 가라앉고 숨이 쉬어졌다. 참 신기한 일이었다.

그 일이 있고 나서 그 병원 의사를 신뢰하게 되었다. 그런데 남편은 내 의견도 물어보지 않고 내가 다니던 정신과에 가서 2개월분의 약을 지어왔다. 난 내 약을 자기 마음대로 지어온 남편에게 그 약을 먹지 않겠다고 했다. 정신과에 직접 찾아가서 약을 안 먹겠다고 주치의한테 말하고는 내 병명을 정확히 얘기해달라고 했다. '후천적 환경 요인에 의한 우울증'이었다. 선천적으로 우울증이 있는 게 아니라 남편하고 살면서 감정이 쌓이고 쌓여서 생긴, 심한 억압에 의한 우울증이었다. 짐작 못한 바는 아니었다. 그러나 나는 그걸 다 알고도 남편과 살았다. 오랫동안 살았다. 약을 먹어가며 살았다. 구타를 당해가며 살았다. 그땐 내가 할 수 있는 일이 없어 보였다.

그는 때리고, 또 때릴 뿐이었다

결혼 전까지만 해도 내게 이런 일이 생길 줄은 꿈에도 몰랐다. 내가 선택한 결혼이었고 내가 좋아했던 사람이었으니까. 하지만 그는 신혼여행 때부터 내가 듣도 보도 못한 폭력을 휘두르기 시작했다. 신혼여행 호텔방에서 내 셔츠의 단추가 뜯어질 만큼 폭력을 행사했다. 그때만 해도 나는 이렇게 생각했다. '결혼 생활 처음에 주도권 잡는다는 말을 듣긴 들었는데, 그래서 이렇게 세게 나오는 건가?' 물론 또 다른 생각이 들기도 했다. '이런 사람하고 어떻게 살지?' 걱정이었다. 그렇다고 결혼식도 다하고 신혼여행까지 와서 물릴 수도 없는 노릇이었다.

한번은 내 목을 조르기까지 했다. 이유는 무엇이었을까? 잘 기억나지 않는다. 화가 났겠지. 그렇다고 목을 조르고 사람을 죽일 기세로 폭력을 휘둘러도 되는 것일까? 그때 나는 처음으로 죽고 싶었다. 살고 있는 아파트라도 무너졌으면 했다. 그때 처음으로 친정집에 전화했다. 그러나 아버지는 참고 살라고 했다. 폭력 사실은 숨긴 채 도저히 못 살겠다고만 말했으니 아버지는 가벼운 부부싸움 정도로 여겼던 거다. 시어머니는 "너무 강하면 부러진다"며 오히려 나를 나무랐다. 자기 아들의 폭력성을 시어머니는 이미 알고 있었던 것 같다. 시어머니는 아들을 시한폭탄이라고 불렀다. 그 문제투성이를 나와 결혼시켜 놓고 나더러 그걸 다 감당하라니. 그 구타를, 그 분노를 나더러 다 감당하라니.

딸아이를 출산했다. 그는 아들을 원했다. 그래서 그랬을까, 그는 부부싸움 중에 아이를 던지기도 했다. 그때 처음으로 무서웠다. 아이를 던지다니. 공포를 느꼈다. 그때부터 난 조금씩 고개를 숙인 것 같다. 그런 싸움이 있고 얼마 후 내 생일이었다. 시어머니가 내게 20만 원을 주었다. 20년 전에는 큰돈이었다. 원래 좀 잘사는 집이라 그런가 했는데 지금 생각해보니 뇌물이었던 것 같다. 그는 나와 결혼하기 전부터도 폭력적이었던 것 같다. 시댁의 전기밥솥이 찌그러져 있었는데 그가 그랬다고 했다. 난 왜 그때 그의 폭력성을 몰라봤을까? 그런 폭력을 본 적이 없어서인가? 지금 돌이켜보면 참 멍청하게도 몰랐다. 그 폭력이 고스란히 내 몫이 될 것이라는 것을.

언젠가 이사하던 날이 기억난다. 이사한 집 목욕탕의 깨진 유리 위에서 내가 뒹굴고 있었고, 발에서는 피가 났고, 난 도망쳤고, 여섯 살이었던 큰아이가 울면서 따라나왔다. 그때 무작정 고속버스터미널로 갔다. 그러나 친정으로는 가지 못했다. 왜 도

그 일은 전혀 사소하지 않습니다

와달라고 하지 않았을까? 난 엄연히 친정이 있고 동생도 셋이나 있는데 왜 그랬는지 잘 모르겠다. 난 그때 아무도 나를 도와줄 수 없을 거라 생각했다. 동굴 속을 혼자 걷는 것처럼 느껴졌다. 결국 찜질방으로 갔다. 아이와 난 한쪽 구석에 일찍부터 누웠다. 아이는 아무 말도 못하고 엄마 눈치만 보고 있었다. 지금 그 아이가 열여덟 살이다. 눈물이 앞을 가린다. 우리 큰아이가 그렇게 고통을 받아왔구나. 얼마나 무서웠을까? 그 고통이 큰아이에게 많은 해가 되지 않길 기도할 뿐이다.

시어머니가 돌아가시기 직전의 일이다. 자기 엄마가 돌아가시려고 하는데 내가 말도 안 되는 것 가지고 자기를 괴롭힌다며 밥상을 엎었다. 그러나 그건 앞으로 닥칠 일의 예고일 뿐이었다. 시어머니가 돌아가신 지 1년 후, 내가 모임에 간다고 했더니 엄마 기일인데 외출하려 한다며 나를 때렸다. 우린 어차피 자영업을 하고 있었던지라 기일에는 시간에 맞춰서 가지도 못하는 상황이었다. 게다가 이미 제사는 끝난 시각이었다. 남편에게 맞아서 오른쪽 손가락이 부러졌다. 그는 도망가는 나를 계단에서 끌어내렸다. 꼬리뼈도 부러지고 허리에도 염좌가 생겼다. 더 이상은, 더 이상은 견딜 수 없었다. 나는 죽을힘을 다해 도망쳤다. 아니 탈출했다.

여성의전화의 도움을 받아 쉼터로 들어간 후에 쉼터의 소장님과 정형외과에 갔다. 수술해야 한다고 했다. 반깁스 한 걸로 다 처치된 줄 알고 있었는데 생각보다 크게 다쳤던 것이었다. 혼자 수술대에 오르고, 수술을 하고, 귀가를 하고, 또 그 부러진 손가락을 가지고 일을 했다. 그는 내가 집을 나가자 아이들은 방치한 채 자동차에서 쪽잠을 자며 밤새 나를 찾아 찜질방을 돌아다녔다고 했다. 결국 남편은 나를 찾아냈다. 남편은 내게 다시는 구타하지 않겠다며 어머니 산소까지 데리고 가서 맹세를 했다. 또다시 자기가 구타를 하면 어머니 이름을 자기 앞에서 불러달라고 했다.

하지만 그 수술한 손가락이 다 낫기도 전에 그는 냉장고의 모든 반찬통과 수납장 속의 접시들을 내게 던지며 폭력을 행사했다. 날아온 접시에 머리를 정통으로 맞아 머리에서 피가 났다. 죽는가보다 했다. 그러나 죽지 않았다. 놀란 아이들이 할아버지에게 전화했다. 시아버지와 작은 아주버니가 집 밖에 와 있었다. 남편의 전화기가 계속 울렸으나 그는 끝까지 전화를 받지 않았다. 시간이 얼마나 흘렀을까? 머리에서 흐르는 피가 멈추지 않아 응급실에 가려고 집 밖을 나와보니 시아버지는 없고 작은 아주버니만 기다리고 있었다. 그러나 작은 아주버니는 남편이 웃으면서 "별거 아니야"라고 말하자 그냥 집으로 돌아갔다. 시아버지는 왜 일찍 갔을까? 개입하기 싫었겠지. 작은 아주버니는 피범벅이 된 내 얼굴을 보고도 왜 그냥 갔을까? 살아 있는 것만 확인하면 됐다 싶었던 걸까? 그 또한 개입하기 싫었겠지.

응급실에 도착해 치료를 받은 후에 진단서를 끊었다. 진단서를 떼어달라는 말에 의사는 표정도 없이 간호사에게 진단서

그 일은 전혀 사소하지 않습니다

를 끊어주라고 했다. 그 무표정과 말없음은 무엇이었을까? 내 슬픔에 끼어들기 싫었던 걸까? 아니면 의사 자신도 남자라서 여자가 진단서를 떼는 것이 싫었던 걸까? 어쨌든 병원 의사들은 다 알고 있을 것이다. 여자들이 가정폭력에 얼마나 시달리고 있는지, 얼마나 많은 사람들이 가정폭력으로 병원에 오는지. 다만 입을 다물고 있을 뿐이다. 무표정한 채로.

혼자 있어도 마음 편하게, 행복하게 살고 싶었다. 언제부턴가 난 내 얼굴에 미소를 띠고 사람들을 대할 수 없었다. 난 폭력에 시달렸고, 내 말은 존중되지 않았고, 고립된 삶을 살도록 강요받았다. 난 내가 하고 싶은 것을 못하고 만나고 싶은 사람을 만나지 못하며 결혼생활을 했다. 물론 무조건 그의 탓만을 하고 있었는지도 모른다. 그러나 분명한 것은 내가 존중받지 못했다는 사실이다. 그는 내 말을 듣지 않았고 나를 때릴 뿐이었다.

미련 없이, 다섯 번째 집을 나서다

결정적인 사건이 있었다. 이 사건이 내게 이렇게 크게 다가올 줄은 몰랐다. 그러나 그 일이 있은 후론 난 더 이상 그와 있을 이유를 찾지 못했고, 뒤도 돌아보지 않게 만들었다. 마지막 사건의 시작 역시 뻔했다. 그가 또 나를 때리기 시작했다. 너무 맞고만 있었던지라 나도 살아야겠다는 생각으로 그의 급소를 공

몇 마디 안 한 통화 내용 중
기억에 남는 것은 집 나올 때
미련이 없어야 한다는 것이었다.
미련, 미련, 미련이 남다니,
어떤 미련이 있겠는가?
얼마 전에 산 냄비 세트? 냉장고?
그런 것들이 아무리 좋아도 내 생명과,
내 자유와 바꿀 순 없었다.

격했다. 한 대 제대로 맞았나보다. 그가 벌건 얼굴로 감히 남자의 급소를 때린다며 더 심하게 나를 구타하기 시작했다. 자기는 내 몸에 멍을 내고 내 뼈를 부수고 나의 인격을 모독하고 내 마음을 아프게 해서 회복할 수 없게 만들어놓고 자기 한 대 맞았다고, 남자의 급소를 때렸다고 아우성을 쳤다.

그 다음날 또 그에게 구타당했다. 그는 나에게 복수했다. 그는 나의 유방과 질을 주먹으로 마구 때리며 앙갚음을 했다. 그동안의 구타는 참을 수 있었지만 그것만은 참을 수 없었다. 간혹 구타 후 성관계를 요구하는 남편을 거부했지만 그는 힘주어 내 웅크린 팔을 그대로 둔 채 성관계를 했다. 그때도 힘들었지만 내 소중한 유방과 질을 공격당할 때만큼 힘들진 않았다. 남편이라는 사람한테 이렇게 무참한 일을 당하다니. 나는 아이 둘을 데리고 탈출을 감행했다.

어릴 적 친구들의 도움이 컸다. 친구 한 명은 도대체 요즘 세상에 왜 그렇게 사냐고 소리를 질러대며 나를 다그쳤다. 한 친구는 카톡으로 여성의전화 상담소 전화번호와 상담 시간을 보내줬다. 어렵사리 통화에 성공했다. 몇 마디 안 한 통화 내용 중 기억에 남는 것은 집 나올 때 미련이 없어야 한다는 것이었다. 미련, 미련, 미련이 남다니, 어떤 미련이 있겠는가? 얼마 전에 산 냄비 세트? 냉장고? 그런 것들이 아무리 좋아도 내 생명과, 내 자유와 바꿀 순 없었다. 아무리 가진 것이 많아도 구타당하고 존중받지 못하는, 마음이 아파 시간만 나면 벽장만 바라보고 누워 있는 생활을 해야 한다면 무슨 소용이 있겠는가?

나는 나를 식물인간으로 몰아가고 있었다. 죽을 만큼 무서운 공포 속에서 매일 나를 죽이며 살고 있었다. 지금 생각해도 답답하다. 이해되지 못하는 나, 그 속에서 구타당하는 나, 빠져나올 수도 없고 도움을 요청할 줄도 몰라 그저 누워 있기만 한 나. 그러다 발자국 소리가 나면 또 숨죽이며 자는 척해야 했던 나. 고스란히 그 과정을 나와 함께 겪었던 아이들.

난 다시 상담원과 통화를 하고 미련이 없다는 것을 확인한 후 가방을 챙겼다. 여권, 주민등록증, 지갑, 현금, 옷을 챙겼다. 큰아이에게 제일 중요한 것은 챙겨놓으라고 했다. 큰아이도 폭력 피해자였기에 순순히 따랐다. 작은아이는 아직 초등학교 저학년이라 간다는 말을 미리 하지 않고 수업이 끝나는 시간을 기다려 학교에서 손목을 붙잡아 데려갔다.

난 그동안 네 차례 정도 집을 나왔다. 남편의 구타 후에 감당 못하는 분노에서 시작된 것이었다. 처음엔 찜질방에서 잤고, 두 번째는 PC방에서 시간을 보냈으며, 세 번째는 여성의전화에서 하룻밤 잤고, 네 번째는 손가락 반깁스를 하고 쉼터까지 들어갔다가 수술하고 귀가했다. 네 번째로 집을 나와 수술대에 오르면서까지도 아이들 걱정에 이혼 생각은 해보지 않았다. 아이들에게서 아빠를 뺏는 것 같아 미안했다. 다섯 번째로 집을 나가면서 아이들에게 물어보았다. 엄마가 이대로는 못 살겠는데 너희들은 어떻게 생각하냐고, 엄마랑 같이 가면 아빠를 못 볼

그 일은 전혀 사소하지 않습니다

텐데 어떻게 생각하냐고 물었다. 아이들의 반응은 생각보다 빨랐다. 어릴 적부터 아니 태어나면서부터 학대받아온 아이들은 지금의 무서운 상황에서 자기들도 벗어나고 싶다고, 아빠는 없어도 된다고 했다. 물어보길 잘했다는 생각이 들었다. 물어보지 않았더라면 아이들에 대한 죄책감이 나를 괴롭혔을 것 같다.

아이와 함께 쉼터로 가다

아이 둘과 함께 쉼터에 입소했다. 처음에는 쉼터에 대한 선입견이 있었다. '어쩌다 그런 곳에 들어가?' '참 불쌍하고 안된 사람들이 가는 곳인가보다.' '남들하고 한집에서 어떻게 살아? 별 이상한 사람들도 많다던데.' 쉼터에 대한 느낌은 그렇게 긍정적이지 않았다. 하지만 "친정엄마를 죽이겠다"는 남편의 협박도 무서웠지만 남편에게 매 맞아서 애들하고 집을 나와 친정으로 가고 싶지는 않았다. 나의 괴로움을 그대로 전하고 싶지도 않았을뿐더러 마흔 넘은 딸이 그런 일로 부모님을 괴롭히고 싶지 않았다. 물론 남편이 말한 대로 친정에 찾아와 다 죽일까봐 무서웠던 게 가장 큰 이유이긴 했다. 지금은 쉼터에 오기를 참 잘했다는 생각이 든다.

먼저 둘째아이의 비밀전학이 이루어졌다. 아이를 데리고 집 나온 엄마로서는 아이들 학교 문제 해결이 제일 어렵다. 다

행히 쉼터 소장님께서 우리와 함께 학교에 가서 교감 선생님과
상담해주었다. 아이의 반을 학적 없이 배치해주기로 합의했다.
전에 다니던 학교에서 학적을 가져오지 않아도 되니 추적이 불
가능해진 것이다. 우리나라가 가정폭력 피해아동을 위해 비밀
전학제도를 마련해 아이를 배려하는 줄은 미처 몰랐다. 난 그때
무기력증에 대인기피증까지 있어서 고개도 들고 다니지 못했고
사람들 얼굴조차 쳐다보지 못하던 시기였다. 지금은 사람들 눈
동자를 똑바로 쳐다볼 수 있지만 그때는 그저 숨어 있고 싶어
하던 때라 같이 동행해준 소장님께 지금도 감사하다.

큰아이는 고등학생이라 조금 더 까다로웠다. 고등학생의
경우 학적이 꼭 필요하기 때문에 전에 다니던 학교의 담임선생
님과 통화를 해야 했다. 전 학교 담임선생님과의 통화 중에 남
편이 실종신고를 내서 아이의 학교로 경찰들이 찾아왔다는 이
야기를 들었다. 두렵고 힘든 소식이었다. 폭력을 오랫동안 감내
해온 나이지만 또 한 번 숨막히는 일이었다.

소장님의 조언대로 경찰서에 아이들과 함께 가서 '실종'
이 아니라 '가정폭력'으로 집을 나왔으니 실종신고를 해제해달
라고 요청했다. 난 경찰서에서 눈에 힘을 풀지 못하고 부르르
떨고 있었다. 경찰관들이 날 안심시키기 위해 (사실 어떤 말을 들어
도 나의 경직은 풀리지 않았겠지만) 실종신고가 된 사람을 경찰이 발견
해도 본인 의사를 먼저 물어보니 걱정하지 말라고 했다. 하지
만 여기는 실종신고를 한 경찰서가 아니니 실종신고 해제를 할

그 일은 전혀 사소하지 않습니다

수 없다고 했다. 아이들과 그 경찰서를 차를 갈아타가며 두 시간이나 걸려 찾아갔는데 실종신고를 풀 수가 없다니. 그 대답을 듣고 "난 지금 여기 실종신고 풀러 왔어요"라고 다시 한 번 눈에 힘주어 말했다. 의자에 아이들이 함께 앉아 있었다. 죽을힘을 다해 찾아간 곳인데 그냥 돌아설 수는 없었다. 그렇게 버티고 앉아 있었더니 경찰관이 실종신고를 받은 경찰서로 전화 연결을 해줄 테니 통화해서 사유를 말하라고 했다. 내가 살던 곳의 경찰서 실종신고 팀의 경찰이 전화를 받았고 난 내가 실종자가 아니라 가정폭력 피해자이니 실종신고를 풀어주고 내 전화번호의 추적을 허락하지 말라는 말까지 하고 전화를 끊었다. 지금 생각해보면 당시 그 일은 나에게 너무 어렵고 힘든 일이었는데 내가 두 눈 크게 부릅뜨고 그 일을 해낸 것이었다. 나에게도 힘이 조금은 남아 있었던 것 같다. 그러나 그 일이 있은 후 나는 많이 아팠다.

그렇게 실종신고를 풀고 아이들을 무사히 전학시켰지만 늘 걱정이 됐다. 어느 날은 남편의 차가 혹시 아이들 학교 앞에 와 있지는 않나 하고 학교 주변에 주차돼 있는 은색 자동차들마다 번호판을 자세히 살펴보기도 했다. 또 교문 앞에서 남편이 기다리고 있지나 않을까 하고 주위를 살피기도 했다. 어쩌다 아이가 학교에서 늦으면 남편에게 잡혀간 것은 아닐까 가슴이 철렁했다. 걱정의 나날이었다. 그러나 다행히도 그런 일은 일어나지 않았다.

쉼터에서는 쉬는 것뿐만 아니라 개인 상담이나 교육도 받을 수 있었다. 쉼터에 입소한 분들과 함께하는 모든 프로그램이 나에게 도움을 주었다. 쉼터는 나의 피폐해진 정신 상태를 어루만져주었다. 아이들과 의사소통이 어려웠던 나에게 '가족 상담 프로그램'은 큰 의미가 있었다. 촛불을 켜놓고 아이들의 손을 잡고 눈을 바라보며 이야기했다. 그동안 내가 얼마나 아이들의 말을 받아주지 않았는지, 내가 얼마나 아이들 마음을 모르는 무지한 엄마였는지 깨달았다. 사실 내 삶이 너무 어려워서 아이들을 제대로 보고 있지 못했다. 아이들 또한 말이 안 통하고 무력한 엄마를 철저히 무시하고 있었다. 참 어려웠다. 나는 아이들에게 더 많은 사랑과 관심을 가져야겠다고 반성했다.

누구에게나 삶을 다시 시작할 힘이 있다

처음 쉼터에 왔을 때 난 소장님께 이혼이 아니라 멀리멀리 남편이 없는 곳으로 숨고 싶다고 말했다. 그땐 그랬다. 너무 무서웠고 불안했다. 나 자신이 무능력하다고 생각했기 때문에 난 그저 꼭꼭 숨어 그가 찾지 못하는 곳에서 한나절만이라도 마음 편하게 햇빛을 받으며 누워 있고 싶었다. 그저 아무 위협을 느끼지 않고 내가 피곤할 때 눈치 안 보고 쉴 수 있는 그런 시간을 꿈꿨다.

그 일은 전혀 사소하지 않습니다

장마가 시작되었다. 난 비를 좋아해서 비만 보고 있으면 편안해진다. 그런데 그날은 몸이 찌뿌둥해서 이불 속에서 나오고 싶지 않았다. 그때 잠시 생각이 스쳐갔다. 내가 몸이 불편할 때 마음 편히 누워 있을 수 있게 되었다는 사실이 눈물 나게 고마웠다. 햇빛 속에서 한나절 누워 있는 게 소원이었던 나는 비가 억수같이 쏟아지던 날 이불 속에서 편안하게 몸을 누일 수 있었다. 내가 몸이 아플 때도 누워 있는 것이 허용되지 않던 삶이었다. 슬프고, 외롭고, 압박당하고, 실망스럽고, 괴롭고, 속상하고, 두렵던, 또 무슨 일이 일어나지나 않을까 늘 불안해하던 생활이었다. 그로 인해 아무것도 하기 싫었던 삶이었다.

결혼 전에는 회사생활도 잘하고 명랑했던 내가 남편의 구타로 무력감을 느낀 후부터는 대인기피증에 시달렸다. 겁이 났다. 은행에 갈 수도 없었고, 어떤 상담이나 예약도 할 수 없었다. 사회에서 살고 있는 사람들과 대화하는 것이 나에게는 너무 어려운 일이었다. 지금 생각해보면 이해가 안 되지만 그땐 그랬다. 도대체 폭력이 뭐길래 한 사람을 이렇게 바보로 만드는가.

난 폭력을 감당할 수 없었다. 내 힘으론 어떻게 할 수가 없었다. 답이 없었다. 그래서 일하는 시간 이외에는 누워만 있었다. 폭력은 의욕도 능력도 없어지게 만든다. 하지만 이제 나는 그 자리를 박차고 나온, 살아남은 생존자다. 나는 내가 대견하다. 내가 나의 목숨을 건졌다. 나는 이제 더 이상 그런 상황에 나를 내버려두어서는 안 된다는 것을 안다.

이혼을 결심했다. 아이들을 언제까지 숨어 살게 할 수는 없었다. 그리고 무엇보다도 그 상황 속으로 다시 들어가고 싶지 않았다. 처음엔 이혼이라는 일을 감당하기 어려워 아이들에게 말하지 못했다. 이혼 소장을 내고 한참이 지난 후에도 아이들에게 선뜻 이야기하지 못했다. 법원 가는 날이 잦아지자 그제야 아이들이 눈치를 챘다. 그때 아이들에게 얘기했다. 엄마가 이혼을 해도 아빠는 너희들이 원하면 볼 수 있다고 말해주었다. 지금은 위험하니까 이혼 소송이 다 끝난 후에 아빠를 만날 수 있다고 했다. 엄마 앞이라 그런지 아이들은 지금은 안 보고 싶다고 했다. 나중엔 할아버지도 찾아갈 수 있다고 말해주니 좀 더 안심을 하는 것 같았다.

어렵겠지만 소송을 끝낼 것이다. 버텨낼 것이다. 나를 위해 우리 아이들을 지켜내기 위해서 말이다. 어려운 길이지만 나만 어려운 것도 아니고 이미 많은 사람들이 해낸 일이다. 이 어려운 길 끝에는 반드시 전환점이 있으리라. 나와 아이들이 마음 편하게 살 날이 오리라는 실낱같은 희망을 가지고 나는 오늘도 내 할 일을 하며 살고 있다. 아프면 아픈 대로 이불 속에서 보내고, 날 좋을 땐 하늘의 해님을 보며 빨래를 해서 널고, 더워서 잠 못 드는 아이에게 부채질을 해주며, 그렇게 쉼터에서 삶을 살아가고 있다. 좋아하는 것만 하고 살기에도 이젠 시간이 짧을 것 같다. 나의 선택은 내가 한 것이며 그것이 합당하다고 생각한다.

나도 내 인생을 행복하게 살 권리가 있는 것 아닌가? 늦었지만 이제라도 내가 나 자신을 토닥여주고 싶다. 일하기에도 벅찼을 텐데 아이까지 낳아서 기르고 집안일도 충실히 했으니 얼마나 힘들었냐고 위로해주고 싶다. 넌 참 대단하다고 나를 칭찬해주고 싶다. 나는 참 많은 일들을 겪으며 힘들게 살았다. 지금도 살아내고 있다. 그러나 지금은 내일을 꿈꿀 수 있다. 이제 나는 내 인생을 정리해볼 수 있고, 현재의 나를 바라볼 수 있고, 미래의 나를 꿈꿀 수 있다.

나의 수기는 아마도 가명으로 나가게 되겠지만 가정폭력 피해자분들이 이 글을 보고 조금이라도 안심할 수 있었으면 하는 바람이다. 자신들에게도 삶을 다시 시작할 수 있는 힘이 있다는 걸, 그런 새로운 시작을 도와줄 수 있는 친구들이 주위에 있다는 걸 그들이 알았으면 좋겠다. 쉴 곳이 있다는 것도 알려주고 싶다. 치유의 과정을 거쳐 힘을 얻을 수 있기에 가정폭력 피해여성에게 쉼터란 생명과도 같은 공간이다. 그들이 하루라도 빨리 어두운 집을 나와 밝은 빛이 기다리는 곳으로 갈 수 있으면 좋겠다.

난 22년간 남편에게 폭력을 당하며 수치스러운 삶을 살았고 어떻게 해결해야 할지 몰라 혼자 쩔쩔 매며 어떤 해결책도 찾지 못했다. 또한 나는 실패했고 정상적으로 사람 대접을 받지 못할 거라는 생각을 하고 있었다. 내 감정을 다스리지 못하는 나를 보며 난 정말 정상이 아니라고 생각한 적도 있었다. 하지만 이제 난 정상이라는 것을 믿는다. 곧 나에게 이혼녀라는 딱지가 붙게 될 것이다. 그 딱지가 싫어 구타당하며 버텨왔지만 더 버티다가는 죽을 것 같아 탈출했기에 그 딱지를 받아들일 것이다. 남편의 손에 맞아 죽는 것보다는 낫다고 생각한다. 어느 인간이 상처 하나 없이 살아가겠는가? 누구나 다 상처는 있다. 나도 있다. 이젠 나도 평범해진 것이다. 상처 있는 인간일 뿐이다.

그 일은 전혀 사소하지 않습니다

남편에게 쓰는 편지

여보, 9개월 만에 당신을 불러봅니다.

갑자기 눈에 눈물이 와락 고이네요.

서글픕니다. 왜 우리가 이렇게 되었는지.

뭐가 잘못되어 이렇게 험난한 벌을 받고 있는 건지.

난 이제 당신을 용서하려 합니다.

1. 결혼 전 영문도 모르고 내가 사간 선물로 맞은 일을
   용서합니다.
2. 신혼여행에서 내 옷을 갈기갈기 찢은 일을 용서합니다.
3. 결혼 초에 처음 내 목을 졸라댔던 일을 용서합니다.
4. 딸을 낳았을 때 아들이 아니라고 서운해하며 나의 잘못도
   아닌 것을 전부 내 탓으로 돌린 것을 용서합니다.
5. 나를 목욕탕에서 때려 깨진 유리에 발을 다치게 했던 일을
   용서합니다.
6. 내가 맞아서 내 몸이 공중에서 한 바퀴 돌고 바닥으로
   나동그라진 일을 용서합니다.
7. 계단에서 나의 손가락이, 꼬리뼈가 부서지게 구타한 일을
   용서합니다.
8. 구타당하다가 베란다로 도망갔을 때 나에게 칼을 들이댔던
   것을 용서합니다.

9. 내 머리채를 잡고 벽에 사정없이 처박은 것을 용서합니다.
10. 3일 내내 나를 구타하여 정신없이 내가 도망쳐 내려오다
    계단에서 발목이 부러지게 만든 일을 용서합니다.

이 용서가 당신을 다시 만나고, 당신과 다시 살고 싶다는 이야기는
아닙니다. 당신을 용서하고 나도 용서받고자 합니다. 쉽지는 않지
만 내 용서로 신께 당신에 대한 판단을 맡기려는 것입니다. 그리고
나는 나의 삶을 살아가려 합니다.

당신은 아이들을 만나고 싶어 하지만 아이들이 성인이 되어서 아빠
를 본다고 하니 그때엔 볼 수 있을 거예요. 당신의 폭력으로 고통받
아온 아이들입니다. 이제 집을 떠나 고생도 하겠지요. 그러나 아이
들은 집에서 눈치만 보고 한마디도 못하며 살았던 것과 다르게 지
금은 쉼터에서 자기표현도 확실히 하고 자기주장이 관철되지 않을
때는 화도 냅니다. 상담 선생님과 놀이치료 선생님이 발전된 것이
라고 말하네요. 아이들은 이렇게 폭력 없는 세상에서 상처를 치유
해갈 것입니다. 당신한테서 벗어난 나는 이제 아이들을 보살필 수
있게 되었고 아이들에게 마음껏 사랑을 주려고 합니다. 아니 넘치
게 주어야겠습니다. 당신도 이제 그만 우리를 놓고 당신의 삶을 살
아가길 바랍니다.

22년동안 당신의 아내였던 마리아가.

Q. 지금은 어떻게 지내고 있나요?

지금은 이혼하고 남편과 교류 없이 잘 지내고 있습니다.

Q. 가정폭력 피해를 목격한 가까운 주변 사람들에게 전혀 도움을 받지 못
    했죠? 가정폭력을 직간접으로 목격한 주변 사람들이 어떻게 하면 좋을
    까요?

가정폭력이 다른 사람의 인권을 침해하는 범죄로 인식되고 가
해자가 제대로 처벌될 수 있었으면 좋겠어요. 그러기 위해선 주변
사람들이 적극적으로 신고할 수 있어야 해요. 동시에 피해자가 보
호받고 지원받을 수 있는 정보들이 널리 알려져서 피해자들이 힘을
낼 수 있었으면 좋겠습니다.

Q. 글을 통해 남편에게 용서의 편지를 썼는데 어떤 의미로 썼고, 지금은
    정말 용서가 되었는지 궁금하네요.

용서하고 싶었어요. 왜냐하면 용서해야 내가 잊을 수 있을 거
라 생각했기 때문이에요. 내가 잊어야 조금이라도 맘이 편해지지
않을까 싶어서 편지를 쓴 거예요. 하지만 시간이 내가 그 기억을 잊
게 도와준 것이지 진짜 용서를 했냐고 다시 묻는다면 "아니다"라

고 말할 수밖에 없습니다. 다시는 그의 얼굴을 보고 싶지 않아요.

Q. 아이들은 어떻게 지내고 있나요?

아이들은 그래도 아빠라서 나중에 찾아보겠다고 합니다. 아이들은 정말 고맙게도 잘 자라주고 있어요. 학교도 잘 다니고요. 우리에게 언제 이런 일이 있었나 싶을 정도로 잊고 살아요. 가끔 사람들이 "아빠는?" 하고 물을 때가 있긴 하지만요. 그런 순간들을 빼면 우리 가족은 너무나 행복하게 살아가고 있습니다. 이혼은 옳은 선택이었어요. 인생은 그 고통을 매일 겪으며 살아가기엔 너무 짧더라고요. 전 자유롭고 평화로우며 아이들과 행복하게 살아가고 있습니다.

그 일은 전혀 사소하지 않습니다

우리,
열심히
행복해지자

사 랑

아빠가 없는 것이 창피했다

어머니는 지병으로 일찍 돌아가신 아버지 때문에 혼자서 자식 다섯 명을 키웠다. 평생 일을 손에서 놓지 못했다. 농사짓는 일부터 식당 허드렛일까지 하루도 쉬지 않고 일했다. 어머니는 새벽 5시 반이면 일하러 나가 오후 11시가 넘어야 집으로 돌아왔고 그 시간에 다시 집안일을 시작했다. 그런 생활을 30년이나 하셨다. '어떻게 그렇게 사셨을까.'

사정이 이러해서 1남 4녀 중 막내였던 나는 어머니의 보살핌이 아닌 언니, 오빠들의 보살핌을 받으며 자랐다. 어릴 적에는 아빠가 없다는 것이 창피했다. 집안 형편이 좋지 않아 친구들에게도 나를 숨기며 살았다. "아빠 없이 자라서 버릇이 없다"

는 말을 듣는 게 싫어서 나 자신을 항상 통제하며 살았다. 삐뚤어지지 않으려고 노력했다. 남에게 내 속을 잘 보여주지 않았다. 그런 모습 때문에 나를 욕하는 친구도 있었다. 그럴 때면 쉽게 상처받았고 그 상처는 오래갔다. 나는 유년 시절 이후로 사람을 심하게 경계하게 됐다.

하지만 아이러니하게도 그렇게 다른 사람을 의식하고 피하면서도 나는 늘 사람에 대한 갈망이 있었다. 외로움을 많이 탔다. 곁에 사람이 없는 것을 잘 견디지 못했다. 마음속에 늘 무언가 채워지지 않는 것이 있었다. 빨리 결혼해서 행복한 가정을 꾸리고 싶었다. 그것이 엄마를 덜 힘들게 하는 일이라고 생각했다. 하지만 가족을 위해 희생만 하며 살아온 어머니처럼은 살고 싶지 않았다.

게임에 중독된 남편

자연스레 어린 나이에 결혼했다. 남편은 내가 하고 싶은 것은 무엇이든 해주는 남자였다. 연애할 때도 내게 모든 것을 맞추는 사람이었다. '이런 사람과 결혼하면 행복하겠다'라는 생각이 드는 남자였다. 어린 시절 고생한 걸 모두 보상받을 수 있을 것 같았다. 20대 초반에 결혼하고 첫아이를 낳았다. 신혼 시절 남편은 자상하고 성실했다. 내가 말하는 것은 무엇이든 다 해주었다. 집

그 일은 전혀 사소하지 않습니다

안일도 다 해주고 밖에 나갈 때는 차를 태워 데려다주고 데리러 왔다. 시장도 대신 봐주고 심지어 내 발까지 닦아주는 좋은 남편이었다.

그러나 한 가지, 남편은 노는 것을 좋아하는 사람이었다. 사고 싶은 것은 다 사고, 먹고 싶은 것은 꼭 먹어야 했고, 젊어서 하고 싶은 것은 다 해야 한다는 사람이었다. 아이가 태어나기 전까지는 나도 그런 생활이 즐거웠다. 하지만 아이가 태어나도 변하지 않는 그가 걱정되기 시작했다. 책임감이 없어 보였고 미래에 대한 대책이 전혀 없다는 생각이 들어 불안했다. 어릴 때부터 빠듯한 용돈을 가지고 살았던 나였기 때문에 남편의 그런 태도가 더더욱 마음에 걸렸다.

본격적으로 갈등이 시작된 건 결혼하고 얼마 지나지 않아서였다. 결혼 전 남편이 인터넷으로 포커 게임을 하고 있다는 것은 알고 있었다. 그때는 단순히 게임을 즐기는 정도라고 생각해서 대수롭지 않게 여겼다. 남편 역시 스트레스를 풀 데가 없어서 시간을 때우기 위해 게임을 하는 것이라고 말하곤 했다. 하지만 그렇게 눈감아준 것이 문제였다. 처음엔 정말 취미로만 게임을 하는 듯 보였다. 돈을 걸지도 않았다. 그런데 시간이 지날수록 남편은 게임에 빠져들었다. 그때부터 남편은 점점 폭력적인 사람이 되어갔다. 이제 와 생각해보면 그때 '괜찮아'라고 생각한 것이 잘못이었다. 얼마 지나지 않아 남편은 돈까지 걸기 시작했다. 금액은 점점 커졌다. 내가 눈치를 주니 남편은 나를 피해 PC방에 가서 게임을 했다. 밤을 새우고 들어오는 날이 점점 많아졌다. 속으로는 화가 치밀어 올랐지만 꼬박꼬박 월급이 들어오고 있었기에 참고 지냈다.

그렇게 1년쯤 지났을까? 남편이 일하는 곳에서 연락이 왔다. 남편은 그동안 가불을 해왔고, 그 금액이 점점 커지니 사장이 안 되겠다 싶어 나에게 연락을 한 것이었다. 500만 원 정도의 빚이 있다고 했다. 갑자기 그런 소식을 들으니 화가 났다. 남편이 미웠다. 나는 친구들과 놀지도 못하고 힘들게 아이를 키우며 살고 있는데 이럴 수가 있나 싶었다.

남편을 쳐다보고 싶지도 않았고 말 걸기도 싫었다. 얼마간 냉전이었다. 며칠 후, 남편은 내 앞에 무릎을 꿇고 한 번만 용서해달라고 싹싹 빌었다. 비는 모습이 하도 진지해서 '다시는 안 그러겠지' 하는 마음으로 용서해주었다. 그날 이후 남편은 잠시 예전의 그 성실한 남편으로 돌아간 듯했다. 가게와 집만 오고 가며 도박을 끊은 듯 행동했다. 그러나 그것도 오래가지 못했다. 어느 날 새벽 잠에서 깨어보니 남편이 없었다. 거실에 나가보니 남편이 게임을 하고 있는 게 아닌가. 남편에게 크게 화를 냈다. 그런데 남편은 오히려 나에게 화를 내며 욕까지 해댔다.

게임에 중독되어갈수록 남편은 술을 많이 마셨다. 언어도 점점 폭력적으로 변했다. 나를 향해 수시로 욕을 해대기 시작했다. 남편은 인터넷 도박으로 4~5년 동안 1억 가까운 돈을 날렸다. 월급도 제때 가져다주지 않았다. 그나마 남편 몰래 내가 비

그 일은 전혀 사소하지 않습니다

자금으로 모아둔 돈이 있어서 남편이 월급을 가져다주지 않아도 버틸 수 있었다. 하지만 그것도 몇 달 못 가 바닥이 났다. 나 역시 빚을 지게 되었다. 더 이상 살아가기 힘들 지경이었지만 아이들 때문에 이혼은 생각하지 못했다. 이혼하고 아이들을 혼자서 키울 자신이 없었다. 무서웠다.

'어떻게 하면 남편을 정신 차리게 할 수 있을까' 생각하다가 남편의 큰이모님이 사는 곳 근처로 이사했다. 남편이 큰이모를 가장 무서워하고 말도 잘 들었기 때문이다. 효과가 있었다. 얼마 동안 남편은 착실해진 것 같았다. 하지만 얼마 후 충격적인 사실을 알게 되었다. 남편이 큰이모와 함께 포커를 하고 있었던 것이다. 그제야 나는 시댁 사람들 대부분에게 도박 중독 내력이 있다는 것을 알게 되었다. 내가 감쪽같이 속은 것이었다.

결국 남편은 일까지 그만두었다. 남편은 다른 데서 월급을 더 올려주기로 해서 일을 그만두었다고 변명을 늘어놓았다. 그렇게 몇 달이 흘렀다. 상황은 점점 더 악화됐다. 남편은 매일같이 술을 먹어댔고 걷잡을 수 없이 난폭해졌다. 남편은 나에게 화를 내고 욕을 하다가 물건을 집어던지기까지 했다. 나는 너무 놀라고 화가 나 남편의 큰이모에게 도움을 청했다. 하지만 처음에는 남편을 혼내고 화를 내던 큰이모는 그런 일이 서너 번 반복되자 오히려 내 탓을 하며 싸울 때는 대들지 말라는 말까지 했다. 팔은 안으로 굽는다는 말이 딱 맞았다. 같은 여자 입장에서 조카 편만 드는 이모님이 남편보다 더 미웠다. 나는 그로 인해 받은 상처로 날이 갈수록 우울해지기 시작했다. 언어폭력으로도 우울증이 올 수 있다니 믿어지지 않았다. 항상 씩씩하고 강하다고 생각하며 살아왔던 나였기에 우울증이란 병은 더더욱 감당이 안 됐다.

남편에게만 기대고 있을 수 없었다. 일을 해서 나와 아이들을 지켜야 했다. 일을 시작하고 나니 남편이 더 싫고 끔찍해졌다. 도박에 술에 언어폭력까지 행사하는 남자라니, 내가 왜 지금껏 참고 살아왔는지 자괴감이 몰려왔다. 나 자신이 한심했다. 남편에게 남아 있던 아주 작은 정마저 떨어졌다. 그렇게 마음이 돌아서자 남편과 하루도 더 살기 싫어졌다. 무엇보다 남편과 계속 살다보면 내가 먼저 망가질 것 같았다. 더 이상 참을 수 없었다. 굳게 마음을 먹고 남편에게 말했다. "나는 당신 같은 사람하고는 하루도 더 같이 살고 싶지 않아."

그러나 예상과는 달리 남편은 쉽게 이혼해주지 않았다. 너무 힘들었다. 그때부터 종일 울면서 살았다. 당연히 남편과 말한마디 하지 않았고 밥도 같이 먹지 않았다. 그렇게 1년을 지내고서야 남편은 자신과 밥도 먹을 수 없을 정도로 자기가 끔찍하냐고 물어왔다. 나는 "당신 얼굴조차 보기 싫다"라고 말했다. 그 지경에 이르자 남편도 더 이상은 어쩌지 못하겠다는 생각이 들었는지 이혼해주었다.

이혼 후, 작은아들만 데리고 친정으로 왔다. 이혼을 하고

그 일은 전혀 사소하지 않습니다

몸은 홀가분했지만 마음은 고통스러웠다. 큰아들을 남편에게 맡기고 나와야 했기 때문이었다. 보기 드물게 우애가 좋은 형제를 갈라놓은 것이 마음에 걸렸다. 서로 보고 싶다면서 우는 아이들을 지켜보자니 가슴이 찢어졌다. 부모가 이혼만 하지 않았어도 사이좋게 지낼 형제를 꼭 내가 찢어놓은 것 같았다.

집착과 구속, 그가 점점 무서워졌다

그렇게 남편에게 상처를 받은 나는 다시는 남편과 같은 남자는 만나지 않으리라 마음먹고 일만 하면서 아이를 키웠다. 그러나 워낙 외로움을 많이 타는 성격이어서 그런지 혼자 지내는 것이 힘들었다. 한 번 실패를 했기 때문에 사람 만나는 일에 더 신중해야 한다고 생각했다. 그래서 남자들이 관심을 보여도 쉽게 마음을 주지 않고 지켜만 보곤 했다. 그러다가 다시 한 남자를 만나게 되었다.

처음에는 벽을 세우고 거리를 두었지만 나에게 온갖 정성을 다하는 그를 보며 조금씩 마음을 열었다. 그는 나뿐만 아니라 아이에게도 친아빠보다 더 잘해주고 우리 식구들도 곰살궂게 챙겼다. 남자들이 처음에는 간, 쓸개 다 빼줄 듯 잘해주다가도 시간이 지나면 변한다는 걸 경험으로 알고 있었지만 어느덧 그와 나는 가까워졌다.

그렇게 1년이 넘는 시간 동안 그는 변함없이 내게 잘해주었다. 행복했다. 여자로 태어나길 잘했다는 생각이 들었다. 이제는 믿을 만하다는 생각이 들어서 같이 살게 되었다. 살림을 합친 초기에 그는 음식도 잘해주고 집안일도 다 해주었다. 일도 하지 말고 편안하게 자기가 벌어다주는 돈으로 쓰기만 하며 맘껏 즐기라고 했다. 요즘 세상에 이런 남자가 있을까 싶을 만큼 자상한 남자였다. 무엇보다 아들을 나보다도 더 챙기고 사랑해주는 것이 좋았다. 아들 역시 그를 잘 따르며 친아빠였으면 좋겠다고 말하곤 했다.

그런데 몇 달이 지나자 그도 서서히 변해갔다. 친구들을 만난다고 하면 "어디서 보는 거야?" "몇 시에 보는 거야?" "어디서 만나?" "몇 시에 들어올 거야?"라며 꼬치꼬치 캐물었다. 처음에는 '날 너무 사랑해서, 걱정돼서 그러나보다'라고 생각했다. 그런데 그런 물음들이 반복되고 끝내는 친구들을 만나는 자리에 항상 나와 동석하는 경우에 이르자 생각이 달라졌다.

어쩌다 함께 모임에 가지 못하면 그는 모임 장소 주변에서 몇 시간을 기다렸다. 가만히 기다리는 게 아니라 계속 전화를 해댔다. 친구들은 그런 그가 정말 자상하다며 부러워했지만 나는 점점 불편하고 불안해졌다. 그뿐만이 아니었다. 그는 자기 친구들을 만날 때도 항상 나를 데리고 다녔다. 그런데 친구들을 만나고 집으로 돌아오면 꼭 나를 자신의 친구와 엮으며 의심했다. 웃으며 넘기기엔 불쾌하고 무섭기까지 했다.

그 일은 전혀 사소하지 않습니다

하지만 그는 이런 이상한 집착을 빼면 모든 면에서 90점 이상을 줄 수 있는 사람이었다. 나와 같이 지내기 시작하면서 아들의 음식과 내가 먹을 음식을 다 했고 집에 있는 날에는 설거지며 모든 집안일을 도맡아해주었다. 그뿐 아니라 음식물 쓰레기조차 본인이 다 버리고 나는 손도 못 대게 했다. 내 마음을 읽기라도 하듯 내가 원하는 것을 척척 다 해주곤 했다. 말도 자상하게 하고 애교도 많아서 남들은 우리 사이를 보고 남자와 여자의 역할이 바뀐 것 같다고 말했다.

그러나 이런 장점에도 불구하고 그의 집착은 쉽게 넘어갈 수 있는 게 아니었다. 그는 점점 내가 하는 행동 하나하나를 의심하며 구속하려 했다. 말다툼이 늘어갔다. 그는 '자신은 나를 챙기는데 나는 자기를 너무 안 챙긴다'면서 내가 자기를 사랑하지 않는 것 같다고 말했다. 아들과 자신을 비교하며 아이에게 하는 것의 반만이라도 자기에게 해달라고 조르곤 했다.

그러던 어느 날, 그가 나에게 청혼을 했다. 결혼식을 올리기 싫으면 혼인신고라도 하자며 막무가내로 매달렸다. 하지만 나는 이혼의 상처가 완전히 아문 상태가 아니었기에 두 번째 결혼은 정말 신중히 결정하고 싶었다. 그에게 내 입장을 말하자 그는 내가 자기를 사랑하지 않는 것 같다면서 또다시 시비를 걸었다. 그럴 때마다 그에게서 멀어지고 있는 나를 발견했다. 그의 집착이 점점 무서워졌다.

그는 그렇게 폭력을
행사하고 나서 어김없이
강제로 잠자리를 가지며
화해하려고 했다.
그럴 때마다 온몸에 소름이
돋았다. 나는 그 순간마다
두 번 죽었다.

순진했던 건지, 바보였던 건지……

그와의 말싸움이 매일같이 지속됐다. 그러다가 그의 폭력이 시작되었다. 그의 폭행은 폭언으로 시작해서 협박을 거쳐 실제 손찌검으로 이어졌다. 무방비 상태로 폭력을 당하자 세상이 무너지는 듯한 기분이 들었다. 그는 내 다리를 걸어찬 후 머리카락을 잡고 나를 힘껏 밀쳤다. 그러더니 나를 자빠트리고는 20분 정도 내 위에 올라타고서 멍이 들 정도로 꽉 잡고 놓아주지 않았다. 목을 조르기도 했다. 나도 여자 치고는 힘이 센 편이라서 웬만한 남자쯤은 이길 수 있을 줄 알았는데 오산이었다. 남자가 아무리 힘이 없어도 여자가 남자를 이기기란 힘들었다. 그리고 그는 그렇게 폭력을 행사하고 나서 어김없이 강제로 잠자리를 가지며 화해를 하려고 했다. 그럴 때마다 온몸에 소름이 돋았다. 나는 그 순간마다 두 번 죽었다.

몇 날 며칠이 지나도 상처는 씻기지 않았다. 내 자신이 비참해서 죽고만 싶었다. 가족들에게 말하기도 창피했다. 그저 조용히 죽고 싶은 마음뿐이었다. 죽고 싶다는 생각을 계속하다보니 나도 모르는 사이에 약을 먹었다. 약을 얼마나 먹었는지 정신을 놓고 길을 헤매고 있었다. 병원에 실려 갔다.

그 뒤로는 온통 암흑이었다. 어떻게 사람에게 이렇게 크고 두꺼운 암흑이 찾아올 수 있는지 모를 일이었다. 하지만 나는 눈을 떴다. 살아 있었다. 일단 정신을 차리자 내가 대체 왜 자살을 시도했는지 믿기지 않았다. 죽음의 문턱까지 다녀오고 보니 '내가 왜 이 남자 때문에 죽어야 해!' 하는 생각이 들며 한심한 선택을 한 내게 화가 났다. 아이에게 창피했다. 엄마가 자살을 시도한지도 모르고 "많이 아파?" "어디가 아픈 거야?"라고 묻는 아이에게 할 말이 없었다. 미안하고 부끄러웠다. 그제야 정신이 들었다. '내가 왜 그랬을까?' '내가 왜 이 남자 때문에 이래야 하는 건지' 생각해보니 내가 죽을 만큼 그를 사랑하는 것도 아니었다. 아직 못해본 것도 많았다. 내가 왜 그랬을까 후회했다. 병원에서 나가면 이제는 아이만 보고 열심히 살아야겠다고 다짐했다.

병원에서 나가자마자 그에게 헤어지자고 말했다. 여자에게 폭력을 가하는 남자와 살 수 없다고 했다. 결혼한 상태가 아니었기에 내가 헤어지자고 하면 그것으로 끝인 줄 알았다. 그러나 그는 나와 헤어질 수 없다고 했다. 자신은 죽어도 이런 일로는 헤어질 수 없다고 강조했다. 잘 사귀다가도 마음이 안 맞으면 헤어지는 세상에 여자에게 막말을 하고 폭행까지 하고서는 무슨 할 말이 있는지 정말 그의 머릿속에 들어가보고 싶었다. 다시 다툼이 반복됐다.

일주일 후, 그가 나에게 종이 한 장을 내밀었다. 각서였다. 각서에는 이런 내용들이 적혀 있었다.

1. 술은 절대로 마시지 않겠다.

그 일은 전혀 사소하지 않습니다

2. 말을 함부로 하지 않고 큰 소리를 내지 않겠다.

3. 아이에게 명령조로 말하지 않으며 항상 무슨 일이 있어도 웃으면서 얘기하고 놀아주는 아빠가 되겠다.

4. 사업상 사람을 만나도 낮에 만나고 저녁에는 만나지 않겠다.

5. 무슨 일이 있어도 폭력을 쓰지 않으며 물건을 던지는 일도 없을 것이다.

6. 우리 식구 앞에 나타나지 않고 가족 행사에 참석하지 않겠다.

7. 벌어다준 돈에 일체 관여하지 않고 물어보지도 않겠다.

8. 당신이 하는 말에 토 달지 않고 복종하겠다.

9. 이를 어길 시 어떠한 조건도 없이 헤어져주겠다.

그는 공증까지 받아온 각서를 가지고 용서를 빌었다. 자기는 죽어도 못 헤어진다고, 헤어지고 싶으면 자기를 죽이라는 말까지 했다. 미리 준비해온 약을 꺼내 먹고 죽어버린다고 했다. 어쩔 수 없었다. 그가 불쌍하기보다는 무서웠다. 무서워서 어떻게든 말려야 했다. 일단은 급한 불을 끄고 다음에 다시 이야기해야지 싶었다. 하지만 한 번 시작된 협박은 두 번 세 번으로 이어졌다. 그에게 협박만큼 쉬운 일은 없었다. 그는 4층에서 떨어져 죽겠다고도 하고 칼을 가지고 와서 손목에 대며 협박하기도 했다. 그런데 희한하게도 그런 경우가 반복되자 '그가 정말 나를 사랑해서 그러는 게 맞나'라는 생각이 드는 한편, 그가 일순 측은해 보였다. 지금 돌아보면 끔찍하기만 한데 그땐 왜 그것이 나에 대한 애정이라고 느껴졌는지 모르겠다.

이후 그는 자신에게 심리적 문제가 있다는 것을 인정하고 알코올 중독 치료 병원에 가서 치료를 받고 약까지 처방받아 먹었다. 그 모습을 보니 내 마음도 풀리기 시작했다. 잘못을 인정하고 약까지 먹으면서 노력하는데 다시는 이런 일이 생기지 않겠지 싶었다. 더욱이 각서까지 쓰지 않았나. 마지막으로 그에게 기회를 한 번만 더 주기로 했다. 그때만 해도 나는 그의 각서가 모든 것을 해결해줄 것이라고 믿었다. 그 사람이 그것을 꼭 지켜줄 거라 믿었다. 공증받은 각서만 있으면 혹시 잘못되더라도 깔끔하게 헤어질 수 있다고 믿었다. 순진했던 건지 바보였던 건지……

"죽으면 죽었지 못 헤어진다"

각서를 쓰고 석 달간은 정말 마음 편하게 지냈다. 그는 첫 데이트를 할 때처럼 내가 하는 말에 모든 걸 다 맞추었다. 정말 각서대로였다. 그러나 각서의 효력은 딱 석 달이었다. 석 달이 지나자 그는 차츰 밖에서 사람 만나는 시간이 길어지고 늦게 들어오는 날이 많아졌다. 거짓말이 잦아졌다. 술을 마시는 횟수도 늘

그 일은 전혀 사소하지 않습니다

었다. 각서를 쓰기 전의 그로 돌아가고 있었다. 그는 알코올 중독 치료약을 먹으면서도 술을 마셨다. 당연히 말다툼이 잦아졌다. 이러다 몸싸움까지 가겠다는 걱정이 되기 시작했다. 한번은 도저히 참을 수 없어서 그를 집 밖으로 밀어내고 문을 잠갔다. 그도 화가 났는지 술을 더 마시고는 한 시간쯤 지난 후 다시 집에 나타나서 소리를 지르며 문을 두드리고 행패를 부렸다.

아이가 놀랄까봐 조용히 달래서 보내야겠다는 생각에 문을 열고 그 사람 말을 들어주기로 했다. 아이에게 그 사람과 싸우는 모습을 보여주고 싶지 않았다. 그 사람은 그런 나를 잘 알고 있었고 그 상황을 이용해 나를 협박했다. 헤어지자는 소리에 화가 난다며 내 몸을 밀쳤다. 난 아무 말도 하지 못했다. 아이가 같이 있었기 때문이었다. 그 사람 말을 가만히 듣고 있을 수밖에 없었다. 그런 그를 간신히 달래 집으로 보냈다. 그런데 그는 집에 가지 않고 술을 더 마신 후에 또다시 나타나 소리를 지르면서 문을 두드렸다. 조용히 해결하고 싶었다. 어쩔 수 없이 다시 문을 열어주었다. 그는 집에 들어오더니 욕을 하면서 또 나를 밀치고 협박했다. 말도 안 되는 말을 반복하며 방으로 나를 끌고 갔다. 문을 잠갔다. 자신은 나와 절대로 헤어지지 않을 거라면서 같이 죽으면 죽었지 다른 남자한테는 나를 못 보낸다는 말을 반복했다. 그를 만나는 동안 다른 남자를 만난 적도 없는데 그는 나를 끊임없이 의심했다. 도무지 말이 통하지 않았다. 내가 말을 해봐야 상황만 더 악화될 것 같았다. 아무 말도 하지 않았다. 그러자 그는 왜 대답이 없느냐며 시비를 걸기 시작하더니 결국엔 나를 때렸다. 어이가 없었다. 아픈 것도 몰랐다. 각서를 쓴 지 1년도 되지 않았는데 어떻게 이럴 수가 있을까 싶었다. 아이만 없다면 차라리 같이 죽고 싶다는 생각까지 들었다.

그렇게 두 시간 넘게 시달렸다. 도저히 견딜 수 없었다. 신고를 하기 위해 휴대전화를 들고 번호를 누르려고 하자 그는 내 휴대전화를 빼앗았다. 내가 몸부림을 치자 내 머리를 세게 때렸다. 머리를 몇 대 맞고 나니 정말 더 이상은 참을 수 없었다. 소리를 지르고 나도 마구 손을 휘둘렀다. 그때 아이가 놀란 얼굴을 하고 방으로 뛰어들어왔다. 그를 말리기 시작했다. 겨우 초등학교 1학년이 된 힘없는 작은 아이였다. 하지만 그 사람은 아이는 아랑곳하지 않고 계속 내 머리채를 잡아당기며 아이까지 떠밀었다. 그 모습에 내 분노가 폭발했다. 엄마인 나도 아이한테 한 번도 그렇게 한 적이 없는데, 감히 내 아이에게 손을 대다니. 나는 아이에게 너무 미안하고 속상했다.

아들이 너무 떨고 있어서 그 사람을 진정시켜려고 빌어도 보고 미안하다고도 해봤다. 미안한 게 없는데도 말이다. 하지만 그 사람은 진정되지 않았다. 몸싸움 끝에 전화기를 뺏어서 간신히 신고를 했다. 아들이 다치지 않고 나도 살 수 있어서 다행이라는 생각이 들었다. 그러나 신고를 하고 20분이 다 되어가도록 경찰은 오지 않았다. '신고하면 10분 안으로는 와야 하는 것이 아닌가? 10분도 그 상황에서는 몇 시간만큼 긴 시간인

그 일은 전혀 사소하지 않습니다

데……' 경찰이 오기까지 아들과 나는 벌벌 떨어야 했다. 불안과 두려움으로 속이 타들어갔다. 몸싸움을 하다가 깨진 전화기를 잘못 디디는 바람에 발에서 피마저 났다. 그 모습을 아이가 먼저 발견하고는 놀랐는지 소리를 지르면서 그 사람에게 매달렸다. 하지만 그는 아이의 외침을 들은 척도 하지 않았다. 난 아들을 진정시켜야겠다는 생각뿐이었다. 아이에게 엄마는 괜찮다고 말해주었다. 멀리 떨어져 있으라고 했다.

그렇게 실랑이를 하고 있는데 경찰이 도착했다. 경찰은 그 사람을 끌고 나갔다. 다리에 힘이 풀려 주저앉았고 다른 경찰 한 분이 내 다친 다리와 피 묻은 집 안을 카메라로 찍기 시작했다. 그리고 어떤 상황인지 물었다. 아들은 경찰에게 저 사람이 술 먹고 와서 우리 엄마의 머리를 잡아당기고 밀치고 발에서 피까지 나는데도 계속 때렸다고 울면서 이야기했다. 그런 아들의 모습을 보자 눈물이 터졌다. '얼마나 놀랐을까?' 아이는 아들이라고 엄마를 지켜주겠다며 옆에서 계속 그 사람을 잡고 때리고 밀쳤다. '나도 무서웠는데 그 어린 나이에 얼마나 무서웠을까?'라는 생각이 들었다. 가슴이 찢어지는 것처럼 아프고 속상했다. 아니 내 가슴이 찢어지는 것은 괜찮았다. 아이의 가슴은, 아이의 마음은 상처받지 않아야 했다. 그러길 바랐다.

경찰에게 이런저런 상황을 이야기하니 고소 여부를 물었다. 고소하겠다고 했더니 경찰서로 가서 진술서를 써야 한다고 했다. 아이와 경찰서로 가는 동안 그 사람을 또 봐야 한다고 생각하니 무서웠다. 보기도 싫었을 뿐 아니라 아이에게도 보여주고 싶지 않았다. 경찰관에게 그 사람을 봐야 하느냐고 물었더니 보게 된다고 했다. 그래서 아이도 있고 그 사람을 도저히 못 보겠다고 하니까 그럼 보지 않게 해주겠다고 했다. 난 경찰의 말을 믿고 아이와 경찰서에 가서 고소장을 쓰고 나왔다. 혹시나 해서 저 사람은 이제 어떻게 되느냐고 물었더니 조금 있으면 경찰서를 나갈 거라고 했다. 그러면 분명 다시 찾아올 텐데 너무 빨리 풀려나는 게 아니냐고 따졌더니 경찰은 법이 그래서 어쩔 수가 없다고, 다시 찾아오면 또 신고하는 수밖에 없다고 했다. 난 경찰관에게 "제발 부탁인데 신고하면 5분 내로 와주세요"라고 말했다. 그는 신고 전화가 자기네로 바로 오는 게 아니라서 늦을 수도 있지만 그래도 최대한 빨리 오겠다고 말했다.

집으로 돌아와 아이를 안고 한참을 울었다. 아이는 내 몸을 살피더니 미안하다고, 자신이 조금만 더 컸더라면 나를 지켜주었을 거라며 내 몸에 묻은 피를 닦아주었다. 할 말이 없었다. 보살핌을 받아야 할 아이가 나를 보살피고 있다니 아이에게 정말 미안하고 부끄러웠다. 그 사람을 만나지 않았다면 이런 일도 생기지 않았을 텐데 후회가 됐다. 그렇게 아이와 몇 년 동안 흘릴 눈물을 다 흘렸다.

한 시간쯤 지났을까. 아들은 "그 사람 또 오면 어쩌지?" 하며 무서움에 벌벌 떨면서 창문 쪽을 바라보고 있었다. 언니에게 전화를 했다. 상황 설명을 하며 와달라고 하자 언니가 와주었고

그 일은 전혀 사소하지 않습니다

그 후 한 시간쯤 지나자 예상했던 대로 그 사람이 다시 찾아왔다. 너무 무서워서 아들과 함께 덜덜 떨고 있으니 언니가 신고를 했다. 그 사람은 밖에서 계속 소리 지르며 문을 발로 차고 있었고 20분이 지나서야 경찰이 왔다. 경찰은 그 사람에게 미쳤냐며 소리를 지르더니 경찰서로 데리고 갔다. 경찰은 다시 조사가 필요하니 경찰서로 오라고 했다. 나는 언니와 함께 경찰서로 갔다. 가서 조사를 받는 동안 그 사람이 갑자기 뛰어들어 나를 잡더니 그냥은 못 놓아준다고 소리를 질렀다. 죽으면 죽었지 못 헤어진다면서 여기서 풀려나면 가만 안 있겠다고 소리를 질렀다.

그는 잠시 진정하고 나에게 한마디만 하겠다며 얘기 좀 하게 해달라고 경찰에게 사정했다. 경찰이 그 사람을 내게 데려오더니 한마디만 한다니까 한번 들어보라고 했다. 난 무서워서 싫다며 할 이야기가 없다고 했다. 하고 싶은 말이 있으면 경찰관 앞에서 하라고 하자 그는 또다시 소리를 지르며 난동을 부리기 시작했다. 경찰관은 안 되겠다면서 그 사람과 떨어뜨려 놓더니 나에게 당분간은 집에 있지 말고 모르는 데 피신해 있는 게 좋겠다고 했다. "왜 그래야 하는데요?"라고 물으니까 "저 사람을 보아하니 조용히 놔줄 것 같지 않다"며 "계속 집으로 찾아갈 것 같은데 아들과 둘만 있기에는 위험할 것 같다"고 말했다. 내가 딱히 가 있을 곳이 없다고 말하자 경찰은 여성의전화 안내문을 건네주었다. 위협을 당하고 있을 때는 그래도 도움이 될 거라며 문의해보라고 했다.

죄인처럼 숨어 살아야 하는 고통

집에 오자마자 여성의전화에 전화해 상담을 받았다. 바로 쉼터로 옮기라고 이야기해주었지만 쉬운 일은 아니었다. '아이가 학교에 다니고 있는데 어떻게 아이와 쉼터에 갈 수 있을까'라는 생각에 쉼터로 옮기는 것을 포기했다. 밖에 나가는 게 무서워서 며칠 동안 친오빠에게 아이의 등하교를 부탁했다. 이틀이 지나자 그에게서 문자가 왔다. "아들 학교 잘 다니고 있네? 오늘은 학교 준비물이 많은데 내가 준비물 사서 보내줄게"라는 내용이었다. 소름이 돋았다. 그는 계속해서 우리를 지켜보고 있었던 것이다. "언제까지 오빠랑 다닐 거냐"며 일주일간 계속해서 문자를 보내기도 했다.

그런 일이 반복되자 너무 섬뜩했다. 친오빠가 언제까지 같이 있어줄 수도 없는데 어찌 해야 할지 난감했다. 오빠가 집에 없는 날에는 집에 없는 척하느라 늦은 시간까지 불도 못 켜고 오빠를 기다려야 했다. 하지만 그는 주차장에 오빠의 차가 있는지 확인하고는 초인종을 눌러대곤 했다. 그럴 때마다 나와 아이는 집 안에서 숨죽이며 떨고 있어야 했다. 이렇게 2주가 지나자 이 사람은 제정신이 아니라고, TV에서 보았던 스토커가 바로 이 사람이라는 생각이 굳어졌다.

아이와 나는 밖에 나갈 때마다 버릇처럼 밖을 살펴보고 나갔다. 밖에 나가서도 주변을 계속 두리번거리면서 긴장한 채 다

그 일은 전혀 사소하지 않습니다

녀야 했다. 그렇게 한 달이 지나자 아들은 무섭다며 밖에 나가려 하지 않았다. 밖에서 누군가 계속 지켜보고 있는 것 같고 집에서도 누군가 장롱이나 방 안에 숨어 있는 것 같다면서 잠도 거의 자지 못했다. 이렇게 있다가는 우리 둘 다 미쳐버릴 것 같았다. 지속적으로 누군가 나를 지켜보고 있는 것 같은 고통을 안 당해본 사람은 모를 것이다. 우리는 잘못한 것도 없는데 죄인처럼 숨어 살아야 한다는 것이 억울했다.

아이가 잘못될 것 같아서 도저히 이대로는 안 되겠다고 생각했다. 결국 쉼터를 선택할 수밖에 없었다. 여러 번의 전화 통화 끝에 쉼터에 오게 되었다. 쉼터에 오기 전까지 나는 아들과 내가 '모르는 사람들과 공동생활을 잘할 수 있을까?' 하고 걱정했다.

아이는 비밀리에 전학을 했다. 그 남자가 학교에 나타나 아버지 행세를 하면서 나를 찾고 있었기 때문이었다. 다행히 아이는 생각보다 빨리 적응했다. 나는 처음 일주일 동안 외출을 할 수 없어서 방 안에만 있었다. 여러 가지 생각이 들었다. 도대체 이곳에서 얼마나 지내야 할지 막막하기만 했다. 그러나 일단 그 사람이 모르는 곳으로 왔다는 것만으로도 마음이 놓였다. 오랜만에 편안한 마음이 되었다. 불현듯 나의 마음에 대해 생각해보기 시작했다. 언제 나는 온전히 나의 마음을 가질 수 있었던 걸까. 그 순간이 너무나 까마득해 가늠조차 할 수 없었다. 나의 마음은 나의 몸만큼이나 그렇게 망가져서 돌아오지 못하고 있었다. 이제 몸과 함께 마음도 지켜야겠다는 생각이 들었다.

나는 오늘도 나에게 말한다

아이는 학교에 잘 적응했고 나도 몸과 마음을 천천히 회복하고 있었다. 밖에서는 생각해본 적도 없는 개인 상담, 심리 치료, 집단 상담 프로그램을 받게 되었다. 처음엔 난 아무 문제가 없는데 내가 왜 굳이 정신과 치료와 상담을 받아야 하는지 마음이 불편했다. 그러나 여러 번의 상담을 통해 내가 이제껏 상처받았던 것을 덮어둔 채 행복한 척하며 살아왔다는 것을 알게 되었다. 그리고 그런 사실을 인정하게 되었다. 무엇보다 놀라운 것은 아이에 대해 새롭게 알게 되었다는 것이다.

아이 둘을 키우면서 내가 제일 중요하게 생각한 건 예의범절이었다. 그래서 늘 어른에게 인사를 잘하고 공손하게 대하라고 가르쳤다. 아이들도 잘 따라줘서 주변에서는 어린 나이에 결혼해서 아이를 키우지만 아이들을 잘 교육시킨다는 말을 들었다. 양육은 늘 자신 있었다. 아이는 나이에 비해 의젓하고 엄마를 다정히 챙겨주곤 해서 주변에서 부러워하기도 했다. 그런데 그런 아이에게 놀이치료가 필요하다는 이야기를 들으니 솔직히 이해도 되지 않고 불편했다. '우리 아이는 아무런 문제가 없는데 왜 놀이치료를 받으라고 할까?' 그래도 부모의 이혼을 겪

그 일은 전혀 사소하지 않습니다

었고 전 남자친구의 폭행과 스토킹으로 상처를 받았을 것 같아서 아이의 놀이치료를 시작했다. 그런데 상담을 받을수록 그동안 누구보다도 내가 아들을 힘들게 하고 있었다는 것을 알게 되었다.

어린 시절 나는 아버지가 없어 예의 없이 자랐다는 소리를 듣지 않기 위해 무던히도 노력했다. 그리고 그런 삶을 아들에게도 요구했다. 그것이 아이를 억압하고 있었다. 그리고 아이는 아빠의 부재 때문인지 자신이 힘이 세야 엄마를 보호할 수 있다는 생각과 늘 엄마를 보호해야 한다는 책임의식을 가지고 있었다. 그것 또한 아이에게는 심적 부담이었을 것이다. 바르게 키우고자 노력했던 내 육아 방식이 아이를 힘들게 할 수도 있다는 것을 알게 되니 혼란스러웠다. 그걸 참고 견뎠을 아이가 안쓰러워서 눈물이 나왔다. 아이는 자신을 이해해달라고 이야기하는데 나는 그 소리를 듣지 못하고 있었다는 걸 깨달았다.

두 달 정도 지나자 아들은 "여기는 선생님과 사람들이 많아서 좋아. 엄마도 안 무섭지? 힘 많이 길러서 내가 더 보호해줄게. 그리고 그 사람이 안 보이니까 좋지?"라고 말하며 쉼터에 대한 애정을 드러냈다. 하지만 내 입장에서는 아이가 놀이치료를 하면서 좋아진다는 느낌보다는 전에는 하지 않았던 떼를 쓰거나 우는 행동을 하는 것 같아 당황스러웠다. 당황하는 나에게 선생님은 전보다 나빠 보이는 것은 오히려 치료가 되어가는 과정이니까 너무 놀랄 필요가 없다고 말했다. 놀이치료가 아이에게 억눌리거나 상처가 되는 부분을 들춰내기 때문에 그런 것이라고 했다. 나도 많이 힘들었지만 이 시기를 잘 지내야 사춘기 때 덜 힘들 것 같아서 아이에게 맞추려고 노력했다. 아이는 그동안의 모습과는 다르게 엄마가 칭찬을 너무 적게 한다고 불만을 토로하기도 하고 내가 말하는 것에 토를 달고 반대하기도 했다. 아이나 나나 이런 시행착오 과정을 통해 성장해갈 것을 믿는다.

돌이켜보면 이곳 쉼터에 오지 않았더라면 나와 아이는 아직까지도 큰 상처를 안고 살아가고 있었을 것이다. 폭력의 피해자가 아니라 생존자가 되기 위한 시간 속에서 나는 내 상처를 돌보았고 아이의 상처를 알게 되었고 함께 치유의 길을 걸었다. 이제야 나는 나에게 말을 걸 수 있게 되었다. 나의 상처를 마주볼 수 있게 되었고 무엇보다 나에게 상처를 준 사람이 더 이상 무섭지 않게 되었다. 나는 오늘도 나에게 말한다.

"사랑아, 정말 잘했어. 나는 내가 자랑스러워. 여기에 오길 정말 잘한 거야. 좋은 사람들도 만나고 내가 혼자 살아갈 수 있는 희망도 얻었잖아."

또한 나는 내 아이에게도 말한다.

"사랑하는 내 아들아 그때 많이 힘들었지? 미안해 아들아. 그때 못난 엄마여서. 하지만 이제는 약속할게. 이젠 엄마가 너를 지켜줄게. 너의 상처를 보듬어줄게. 너도 이젠 무거운 짐을 내려놓고 열심히 행복해지렴."

그 일은 전혀 사소하지 않습니다

INTERVIEW
탈출, 그 이후..

Q. 현재는 어떤 삶을 살고 있나요?

직장을 다니면서 아들을 키우고 있어요. 아들은 운동을 하고 있는데 여기저기 들어가는 돈이 많아 빠듯하지만 그래도 잘 살고 있습니다. 경제적으로 약간 쪼들리는 것만 빼면 편안하고 행복해요. 집은 지금은 SH공사의 한 부모 가정 지원으로 마련할 수 있었어요. 지금 주택청약저축을 붓고 있으니 몇 년 후에는 작게나마 집을 마련할 수 있을 듯해요.

Q. 아이는 잘 지내고 있나요?

운동하면서 잘 지내고 있어요. 겉으로 보기에는 크게 힘들어 보이지 않아요. 예전에 복지관에서 상담받을 기회가 있었는데 상담 선생님이 아이가 밝고 긍정적이고 편안한 상태인 걸 보니 상처는 많이 치유된 것 같다고 했어요. 하지만 여전히 집 현관문이 허술해 보이는 것 같으면 마음을 쓰고 다른 사람이 문을 두드릴 때는 민감해해요. 그럴 때마다 마음이 아프지만 운동하면서 나름대로 풀어내고 있는 것 같아 크게 걱정은 하지 않아요. 가끔 형 이야기를 하면서 보고 싶다고 해요. 연락은 안 되고 있지만 조금 더 시간이 지나면 큰아이를 데리고 오고 싶습니다. 형제를 같이 키우고 싶어요.

여덟 | 우리, 열심히 행복해지자

Q. 쉼터 이후의 생활은 어땠나요?

쉼터에서 생활하며 바로 설 수 있었어요. 남자에게 폭력을 당한 것이 자존심도 상하고 창피했는데 쉼터에 가보니 나 혼자만의 일이 아니라는 것을 알게 되었죠. 이제는 눈이 떠져서 남에게 보여지는 것에 크게 신경 쓰지 않아요. 예전의 저는 겉모습만 강한 것처럼 보였는데 이제는 내면도 강해졌다고 생각해요. 힘들면 힘들다고 말하고, 있는 모습 그대로 보여주려고 합니다.

쉼터 생활이 가끔 생각나기도 해요. 조건 없이 제가 돌봄받았던 생활이었거든요. 하지만 지금은 제 생활을 제가 책임져야 하고 아이도 오롯이 제가 책임져야 해요. 울적할 때, 외로울 때, 아들에 대해 이야기하고 싶을 때, 내 편이 필요할 때 쉼터 가족들과 활동가 선생님들이 생각나요. 가끔 집에 들어왔을 때 쉼터의 북적거렸던 그 활기참이 그리울 때도 있고요. 또 상담이나 여러 가지 프로그램을 할 때 당시엔 힘들었는데 지나고 보니 그 시간들이 나를 성장시킨 것 같아 그립기도 합니다.

Q. 지금도 여전히 이런저런 이유와 사정으로 가정폭력을 견디는 여성들이 있습니다. 그분들께 들려주고 싶은 말이 있다면요?

저도 그랬지만 대부분의 경우 여성들이 마지막까지 참고 기다려요. 하지만 남자들의 폭력은 나아지지 않아요. 더 심해질 뿐이에요. 폭력 초기에 결단을 내려야 합니다. 내 몸을 소중히 여기고 남의 눈치를 보지 말았으면 좋겠어요. 폭력을 당하는 여성이 창피해

그 일은 전혀 사소하지 않습니다

하는 것이 아니라 폭력을 가하는 남자가 창피해해야 합니다. 특히 사회생활을 안 해봤던 여성들의 경우 사회생활이 무서워서 못 나오는 경우가 있더군요. 하지만 제가 해보니까 여자들도 부딪치면 잘 할 수 있습니다. 혼자서도 잘 살 수 있더라고요. 처음 쉼터에 들어갈 때는 힘들었는데 지금 생각해보니 쉼터에 잘 간 것 같아요. 아이도 치유되고 저도 치유되었어요. 남자가 나아질 것이라는 기대는 접고 폭력의 자리에서 나왔으면 좋겠습니다.

당신의 용감한 이야기

송란희 | 한국여성의전화 사무처장

"45.5퍼센트예요. 두 집 건너 한 집인 셈이죠."

가정폭력이 얼마나 일어나느냐고 묻는 질문에 이렇게 대답하면 다들 놀라곤 한다. 사실 이는 신체적, 정서적, 경제적, 성적 폭력만 포함한 것이다. 보통 폭력이라고 잘 생각하지 않는 '통제' 행위까지 포함하면 63.3퍼센트까지 올라간다. 이는 여성가족부가 2013년 실시한 전국가정폭력실태조사에 나온 결과다. 2004년부터 3년에 한 번씩 실시되는 이 조사는 2004년 44.6퍼센트, 2007년 40.3퍼센트, 2010년 53.8퍼센트로 매번 큰 차이를 보이지 않는다.

그럼에도 근 50퍼센트라는 수치가 사람들에게는 낯선 모양이다. 이런 통계대로라면 가정폭력은 인구의 절반이 경험하는데도 그 당사자가 드러나지 않는 희한한 범죄다. 왜 그럴까?

가정폭력 '발생 당시' 도움을 요청한 적이 있느냐는 물음에 도움을 요청했다고 응답한 비율은 단 0.8퍼센트였다. 1,000명의 사람이 가정폭력을 당했다고 하면 이 중 단 8명만 도움을 요청한 셈이다. '발생 당시'와 '그 이후'에 도움을 요청한 비율을 합하면 1.8퍼센트로 조금 올라간다. 1,000명 중 18명이 '외부'에 도움을 요청한 것이다. 의문이 조금 풀린다. 어쩌면 우리가 '체감하는' 가정폭력 발생률은 1.8퍼센트에 그치는 게 아닐까. 그러니 놀랄 수밖에.

가정은 폐쇄된 세계다. 가정을 '이해와 배려의 영역'으로 포장하면서 그 안에서 발생하는 차별과 폭력을 감추고, 노동력 재생산을 가정의 기능으로 설명하면서 노동력을 재생산하는 노동력은 어디에서 오는지, 어떻게 평가되는지 이야기하지 않고, '사회의 기본단위는 가정'이라며 가정 속의 개인은 삭제한 결과다. 하여 가정이 어떻게 유지되는지, 그 안에서 어떤 일이 벌어지는지 사실 (알면서도) 잘 모를 수밖에 없다.

이런 세계에서 발생하는 폭력은 당연히 은폐될 수밖에 없다. '그 순간만 넘기면 되어서' '가족이기 때문에' '창피하고 자존심이 상해서' '대응하면 폭력이 심해지므로' '내가 잘못한 것이므로'…… 폭력 피해를 입고서도 '그냥 있었던 이유'들이다. 다시 말해, 남모르는 사람에게 당했다면 결코 그냥 지나치지 않았을 폭력이지만 관계를 유지하기 위해, 가족이라는 이유로, 보

그 일은 전혀 사소하지 않습니다

복이 두려워서, 나의 잘못이라는 생각 때문에 문제 삼지 않는다는 것이다.

가정에서 발생하는 폭력은 사법처리 과정에서도 은폐된다. 검찰 접수 후 기소조차 되지 않는 비율이 50.4퍼센트, 가정보호 사건 송치 비율은 39.1퍼센트이고, 기소율은 8.5퍼센트(구속률 1.3퍼센트)에 불과하다(〈가정폭력사건 접수·처리현황〉, 법무부, 2015년). 경찰에게 도움을 요청한 비율이 고작 1.3퍼센트에 불과하다는 것을 감안하면(전국가정폭력실태조사) 사실상 가정폭력은 사법체계에서도 거의 다뤄지지 않는다고 보는 것이 정확하다. 다시 말해, 두 통계를 단순 교차했을 때, 1만 명이 가정폭력 피해를 입었다면 그중 130명만 신고를 하고, 11명만 기소되며, 기소된 이들 중 오직 1명만이 구속된다고 할 수 있다. 기소 이후의 처리 결과는 통계의 부재로 알 수조차 없는 것이 현실이다.

〈가정폭력범죄의 처벌 등에 관한 특례법〉(이하 특례법) 제1조는 이 법의 목적을 다음과 같이 밝히고 있다.

"이 법은 가정폭력범죄의 형사처벌 절차에 관한 특례를 정하고 가정폭력범죄를 범한 사람에 대하여 환경의 조정과 성행性行의 교정을 위한 보호처분을 함으로써 가정폭력범죄로 파괴된 가정의 평화와 안정을 회복하고 건강한 가정을 가꾸며 피해자와 가족구성원의 인권을 보호함을 목적으로 한다."

문제는 "피해자와 가족구성원의 인권을 보호"하는 것보다 "가정폭력범죄로 파괴된 가정의 평화와 안정을 회복하고 건강한 가정을 가꾸"는 것을 주요 목적으로 해석한다는 데 있다.

2017년 설 연휴, 스물일곱 살의 여성이 백일 된 아들과 친정집에서 숨진 채 발견됐다. 부검 결과 스스로 목을 매 숨진 것으로 밝혀졌다. 그런데 젊은 여성이 아들과 함께 자살한 것보다 더 안타깝고 심각한 사실이 있다. 그 여성이 2016년 7월부터 2017년 1월까지 남편에게 폭행을 당했다며 경찰에 세 차례나 신고했으며, 숨지기 6일 전에도 폭행 신고를 해서 남편과 함께 경찰 조사를 받았다는 것이다. 그러나 이 여성이 남편의 처벌을 원하지 않는다고 밝혀 남편에 대한 처벌은 이루어지지 않았다고 한다.

특례법은 가정폭력범죄의 가정보호사건 처리 등에 있어 '피해자의 의사를 존중'하도록 규정하고 있다. 하지만 이 규정은 "건강한 가정을 가꾸"는 것을 이 법의 목적으로 해석하는 관행 때문에 가해자에 대한 처벌을 사실상 피해자에게 떠넘기고 있다. 가해자의 처벌 여부를 피해자의 의사에 맡긴다는 것은 곧 피해자가 용서하기만 하면 국가가 처벌하지 않아도 되는 범죄로 본다는 것과 같다. 피해자의 의사 존중은 피해자의 인권 보호를 위해 사법처리 전 과정에서 보장되어야 하는 것이지, 가해자 처벌 여부에만 국한해 고려할 문제가 아니다. 더구나 '남편 등 친밀한 관계'라는 특수성을 배제한 채 피해자의 가해자 처벌

의사를 기계적으로 해석하는 것은 위의 사건이 보여주듯이 매우 치명적인 결과로 이어질 수밖에 없다.

　이렇듯 가정폭력은 도움을 요청하더라도 다시 본인이 알아서 해결해야 할 문제가 되어버리고 만다. 가정폭력에 대한 한국 사회의 인식은 '가정폭력은 범죄가 아니다' '화해하면 되는 부부싸움이다' 등으로 수렴되는 게 아닌가 싶다. 눈에 보이게 찢어지고 부서져야 폭력으로 '인정받는' 현실, 그럼에도 잘못한 것은 없는지 피해자 스스로를 검열하게 만드는 현실, 100명 중 1명만 국가기관에 도움을 요청하는 현실, 그마저도 반 이상은 아무런 조치도 취하지 않고 돌려보내는 현실, 돌아가면 다시 함께 살아야 할 가해자 앞에서 처벌을 원하느냐고 묻는 현실에 대해 이것 말고 어떤 답을 할 수 있겠는가. 참으로 정교하게 짜인 오래된 악순환이다.
　그러나 가정폭력의 피해를 구체적으로 드러내고, 다른 사람의 이야기와 나의 이야기를 연결하면서 이 악순환은 깰 수 있다. 그 모든 인식과 제도가 그것을 은폐한다고 하더라도, 이야기를 통해 그 일이 나에게만 일어나는 일이 아니라 다른 사람도 겪는 일이라는 것을 발견하는 것, 나의 잘못이 아니라 우리 사회의 구조적 문제임을 인식하는 것, 그리고 사회의 변화를 추구하는 것을 통해 말이다.

이 책은 한국여성의전화 창립 30주년이 되던 2013년에 처음 기획되었다. 가정폭력 생존자의 목소리를 통해 가정폭력의 실상을 알리고, '피해자'에 대한 고정관념을 변화시키고, 가정폭력을 둘러싼 제도와 정책의 변화에 물꼬를 트기 위해서였다. 한국여성의전화 쉼터에 머물렀던 분들 중에 본인의 경험을 글로 쓰고 싶은 분들을 찾았다. 그리고 뜨거웠던 그해 여름, 모두 열두 차례에 걸친 글쓰기 치유 프로그램을 거쳐 초고가 완성되었다.

막상 경험을 글로 옮기는 과정은 쉽지 않았다. 그건 폭력이 아니라고 끊임없이 부정당해왔음에도 불구하고 피해자에게도 잘못이 있을 것이라는 강력한 의심 속에서 결국 '내 잘못이 아님'을 온몸으로 부딪히며 새겨온 경험. 이것을 다시 글로 옮긴다는 것은 폭력을 다시 경험하는 과정인 동시에 자기부정을 이겨내는 과정이었기 때문일 것이다. 그래서 어떤 날은 한 글자도 쓸 수 없었고, 어떤 날은 포기하기도 했으며, 또 어떤 날엔 다시 시작하기도 하면서 문장들이 쌓여갔다.

한국여성의전화 창립 30주년을 맞아 시작했던 일을, 한국여성의전화 쉼터이자 우리나라 최초의 아내폭력 피해자 긴급피난처인 쉼터가 열린 지 30주년을 맞은 2017년이 되어서야 마무리하게 되었다. 그간 원고 일부의 글귀를 여성인권영화제에 전시하기도 하고, 여성수첩의 열두 달에 채워 넣기도 했다. 이제야 그 내용을 온전히 담아 여러분들에게 선보인다.

그 일은 전혀 사소하지 않습니다

긴 시간 동안 이 책을 함께 고민한 한국여성의전화의 김현, 박수진 회원, 단아(고미경), 박미자, 서경남, 최선혜, 한윤정을 비롯한 활동가들은 물론, 글쓰기 프로그램을 진행해주신 김영자 선생님, 책의 서문을 써주신 정희진 선생님, 소중한 글을 세상에 내보일 수 있도록 끝까지 애써주신 출판사 오월의봄, 그리고 무엇보다 자신의 경험을 드러내 많은 분들에게 지혜를 나눠주신 필진 여러분께 깊은 감사를 드린다.

우리는 쉼터를 여성폭력에 대한 저항의 상징으로 여겨오기도 했다. 너무 흔히 일어나기 때문에 '흔히 일어난다는 사실'을 알게 되는 것조차 놀라움인 우리 사회에서, 가정폭력을 은폐하고, 범죄가 아닌 것으로 만들고, 결국 알아서 감내하라는 이 세상에서 집을 탈출하는 것 자체가 그 견고한 세상에 균열을 내는 것이기 때문이었다. 따라서 이 책에 담긴 글들은 여성에 대한 폭력을 정상화하는 우리 사회에 어떻게 여성들이 저항하고 있는가에 대한 기록이자, 변화의 가능성 혹은 변화 그 자체에 대한 기록이기도 하다.

필자들의 용감한 이야기로 당신의 이야기가 시작되고, 우리들의 이야기가 넘쳐서 결국 우리 사회의 가정폭력에 대한 인식과 제도와 정책의 변화를 이끌어낼 것을 믿어 의심치 않는다.

☆ 쉼터 소개 ☆

☆ 가정폭력 긴급피난처, 쉼터 이용하기

☆ 쉼터는 비공개 장소입니다.
1366이나 가정폭력상담소를 통해 안내받으세요.

- 1366: 연중 24시간 운영, 휴대전화로는 '지역번호+1366'
- 가정폭력상담소: 전국에 250여 개의 상담소가 있습니다. 신체적 폭력만이 아니라 언어폭력, 정서적, 경제적, 성적으로 가정폭력의 피해를 입은 여성은 누구라도 상담이 가능합니다. 면접 상담, 법률 상담 예약 및 쉼터 안내도 받을 수 있습니다. (한국여성의전화 가정폭력상담소: ☎ 02-2263-6464)

☆ 다양한 종류의 쉼터가 있습니다.
쉼터마다 거주 기간, 지원 내용, 조건, 규칙이 다를 수 있습니다.

> 긴급피난처, 단기보호시설(쉼터), 장기보호시설(쉼터), 가족보호시설(쉼터)

- **긴급피난처**: 임시보호시설로 3일 이내 보호를 원칙으로 하되, 최대 7일까지 연장 가능합니다.
- **단기보호시설(쉼터)**: 가정폭력 피해자 및 그 가정 구성원이 입소 가능하고 6개월 보호를 원칙으로 하되, 3개월 범위 내에서 연장 가능합니다. 전국에 43개 시설이 있고 그중 3개 시설은 장애인 시설입니다.
- **가족보호시설(쉼터)**: 10세 이상의 남아를 동반한 가정폭력 피해자가 우선 입소 가능하고 6개월 보호를 원칙으로 하되, 3개월 범위 내에서 연장 가능합니다. 전국에 20개 시설이 있습니다.
- **중·장기보호시설(쉼터)**: 단기보호시설을 거친 분들이 우선 입소 가능하고, 입소 기간은 2년 이내이며 경제활동을 해야 합니다. 전국에 4개 시설이 있습니다.

그 일은 전혀 사소하지 않습니다

☆ 쉼터에서는 다음과 같은 지원을 받을 수 있습니다.

- 무료 숙식, 심리 치유 프로그램, 법률 지원, 의료 지원, 직업 훈련, 문화 체험, 치유 캠프, 자조 모임
- 동반자녀 지원: 초, 중, 고 비공개 전학, 보육 지원, 방과 후 교실, 의료 지원, 심리상담, 놀이치료

☆ 쉼터 퇴소 후에도 지원을 받을 수 있습니다.

주거 지원, 국민임대주택, 주민등록 등·초본 열람 및 발급 제한, 입소확인서

- 주거 지원
  단기보호시설을 거친 분들이 우선 입주가능하고 2년에서 최대 4년까지 생활할 수 있습니다.

- 국민임대주택
  가정폭력 피해자 보호시설에 6개월 이상 입소한 피해자, 주거지원시설에 2년 이상 입주한
  이력이 있는 피해자는 우선 신청 가능합니다. 단, 퇴소했을 경우 그 퇴소일로부터 2년이
  지나지 않은 경우에 한합니다.

- 주민등록 등·초본 열람 및 발급 제한
  가정폭력 피해자로서 가정폭력 관련 상담소에서 가정폭력 피해 상담을 한 사실이 있거나
  가정폭력 피해자 보호시설에 입소한 사실이 있는 경우는 가정폭력상담사실확인서,
  입소확인서의 증거서류 제출로 타인의 주민등록 등·초본 열람 및 발급 제한을 신청할 수
  있습니다.

※ 각 쉼터마다 지원 내용이 다르며, 피해 여성 개인의 상황에 따라서도 달라질 수 있습니다.

그 일은 전혀 사소하지 않습니다

초판 1쇄 펴낸날   2017년 3월 10일
초판 7쇄 펴낸날   2023년 8월 8일
엮은이   한국여성의전화 기획팀(김현·단아(고미경)·박미자·박수진·서경남·최선혜·한윤정)
펴낸이   박재영
편집   이정신·임세현·한의영
마케팅   신연경
디자인   조하늘
제작   제이오
펴낸곳   도서출판 오월의봄
주소   경기도 파주시 회동길 363-15 201호
등록   제406-2010-000111호
전화   070-7704-2131
팩스   0505-300-0518
이메일   maybook05@naver.com
트위터   @oohbom
블로그   blog.naver.com/maybook05
페이스북   facebook.com/maybook05
인스타그램   instagram.com/maybooks_05

ISBN   979-11-87373-15-5 03300

이 책은 저작권법에 따라 보호받는 저작물이므로 무단전재와 복제를 금합니다.
이 책 내용의 전부 또는 일부를 이용하려면 반드시 저작권자와 도서출판 오월의봄에
서면 동의를 받아야 합니다.

책값은 뒤표지에 있습니다. 잘못된 책은 바꾸어 드립니다.